W0068346

HAUPTSACHE DU LEBST

Dieses Buch wurde mit Unterstützung von *Herzenswünsche e.V.*
48147 Münster veröffentlicht.
Verein für schwer erkrankte Kinder & Jugendliche
www.Herzenswuensche.de

Autorin:	Daniela Wahl
Verlag:	Printsystem Medienverlag, 71296 Heimsheim
Fotografie:	www.Schlender-Fotografie.de
Gestaltung:	Uta Köhler, Werbeabteilung Printsystem Medienverlag
Herstellung:	Printsystem GmbH, 71296 Heimsheim

Copyright:	Nachdruck nicht gestattet. Gleiches gilt für Vervielfältigungen, Übersetzungen, Ablichtungen jeglicher Art und Verarbeitung mit elektronischen Systemen.

Der Umwelt zuliebe:
Gedruckt auf umweltfreundlichem, chlor- und säurefrei gebleichtem Papier.

ISBN: 978-3-938295-29-8

Daniela Wahl

HAUPTSACHE DU LEBST

Worüber man nicht REDEN kann,
darüber muss man SCHREIBEN.

·print**system**®
MEDIENVERLAG

Inhalt

Vorwort

Wer entschieden hat, dass für mich an diesem Dezembermorgen ein völlig neues Leben beginnen sollte, weiß ich nicht. Es war die größte Veränderung, die in meinem bisherigen Leben stattgefunden hatte und ich hatte wahnsinnige Angst vor ihr. Im Grunde genommen geht es uns doch allen gleich. Wir alle mögen Veränderungen nicht. Sie sind das, wovor jeder von uns Angst hat. Lebewohl sagen zu müssen, zu all dem, was uns so wichtig und vertraut war, zu allem, was uns so viel bedeutet hat. Aber irgendwann bricht für jeden von uns der Tag an, an dem sich unser Leben verändert. Manchmal ist Veränderung sogar etwas Gutes und manchmal, da ist Veränderung alles. Nur durch sie lernen wir, Menschen und Dinge gehen zu lassen, denn nichts auf dieser Welt ist für immer. Wir alle müssen irgendwann Lebewohl sagen und so sagte ich an diesem kalten Freitagmorgen Lebewohl zu meinem alten Leben. Von einem Tag auf den anderen musste ich erwachsen sein, über Dinge entscheiden, mit denen ich mich bisher noch nie beschäftigt hatte. Ich wurde mit noch nicht einmal 20 Jahren mit meiner eigenen Sterblichkeit konfrontiert, härter und direkter als ich es mir je hätte vorstellen können. Es folgte eine Zeit voller Hoffnungen, Ängste und Enttäuschungen, eine Zeit des Kampfes und einer Achterbahnfahrt der Gefühle. Schmerzhaft musste ich erfahren, wie es sich anfühlt, wenn sich Menschen aus Angst vor einer Krankheit veränderten und sich von mir abwendeten, weil sie diesen schwierigen Weg nicht mit mir gehen wollten. Ich musste lernen, dass man für die wichtigsten Dinge im Leben kämpfen muss und dass der schwierigste Kampf der um das eigene Leben ist. Ich musste lernen, dass nicht nur zählt, wer für mich da war, wenn es mir schlecht ging, sondern auch, wer mir mein Glück gönnte, wenn es mir gut ging. Ich musste lernen, wie sehr mich andere Menschen enttäuschen

können und wie sehr ich mich selbst in einem Menschen täuschen kann. Doch trotz vieler Niederlagen schaffte ich es am Ende, diese große Veränderung in meinem Leben zu akzeptieren. Ich hieß sie willkommen und hatte geschafft, mein neues Leben genau so zu lieben wie ich mein altes geliebt hatte. Heute würde ich die schmerzhaften Erfahrungen, die ich in dieser Zeit sammeln musste, für nichts in der Welt mehr eintauschen. Ich hatte sie allesamt gebraucht, um mich selbst zu finden. Heute bin ich nicht mehr vergleichbar mit dem Mädchen, das ich vor meiner Krankheit war. Ja, ich bin über mich selbst hinausgewachsen. Doch trotz allem habe ich es geschafft, einen Teil meines Ichs aus der Vergangenheit zu retten. Den Teil, der sich fühlt wie früher, nur ein kleines bisschen stärker.

Wie alles begann.

Meine Geschichte beginnt Anfang Oktober im Jahr 2005. In diesem Sommer war ich gerade 16 geworden und steckte voller Energie und Tatendrang und schwebte im siebten Himmel. An meinem Geburtstag hatte ich einen Jungen kennen gelernt, Francesco. Er verdrehte mir völlig den Kopf. Ich hatte in diesem Sommer erfolgreich meinen Realschulabschluss hinter mich gebracht und hatte wahnsinnig schöne und lange Sommerferien, mit meiner ersten Liebe, vielen Partys und schier endlosen Sommertagen. Es ging mir richtig gut und ich hätte nie gedacht, dass sich das einmal ändern könnte. Im September begann ich eine Ausbildung und freute mich riesig darauf. Ich war wahnsinnig stolz, endlich mein eigenes Geld zu verdienen. Bis ich erfuhr, dass die Berufsschule gute 50 km von meinem Elternhaus entfernt lag und ich somit die Werktage im Wohnheim verbringen musste. Da ich ein eher ängstliches und schüchternes Mädchen war, kam ich mit dieser Situation absolut nicht klar. Ich war mit 16 die jüngste in meiner Klasse und musste von heute auf morgen erwachsen sein. Ich hatte nie Probleme damit, in die Schule zu gehen, im Gegenteil. Ich ging zu Realschulzeiten sehr gerne in die Schule. Aber als ich in diesem Wohnheim nun völlig auf mich allein gestellt war, brach für mich meine kleine, heile Welt zusammen. Ein gutes Jahr hätte ich auf diese Schule gehen sollen, fasste aber letztendlich nach den ersten drei Wochen den Entschluss, diese Ausbildung abzubrechen. Jedoch nur unter den Voraussetzungen, dass ich eine Alternative für dieses angefangene Schuljahr fand. Dank meiner Cousine konnte ich die Schule wechseln und war von heute auf morgen wieder zu Hause. Ich besuchte ein Berufskolleg mit einjährigem Praktikum in einer sozialen Einrichtung. Ich entschied mich dafür, dieses soziale Jahr im Kindergarten zu absolvieren und es war die beste Entscheidung, die ich je getroffen hatte.

Es war Oktober 2005. Ich arbeitete gerade eine Woche im Kindergarten und es war fantastisch. Die Kinder mochten mich, ich mochte die Kinder und auch mit den Erzieherinnen war das Zusammenarbeiten super. Eines Morgens saßen wir im Garten und ein Kind setzte sich auf meinen Schoß. Ich wippte mit meinen Füßen auf und ab. Bis ich merkte, dass meine rechte Zehe zu schmerzen begann. Ich hielt es für nichts Großartiges und beschäftigte mich dann auch nicht weiter damit. Die Mittagspause verbrachte ich an diesem Tag zu Hause und erzählte meiner Mutter von meiner Zehe, worauf diese mich nur für verrückt erklärte. Ich bilde mir wieder einmal etwas ein, oder hätte sie eben angeschlagen. Es wäre ja nicht ungewöhnlich, dass jemandem mal etwas weh tat. Ich arbeitete nachmittags wieder im Kindergarten und die Schmerzen wurden immer heftiger. Es wurde so schlimm, dass ich die darauffolgende Woche nicht arbeiten gehen konnte. Ich konnte weder laufen, noch stehen oder sitzen. Ich hatte in meinem Leben noch nie derartige Schmerzen und es war kaum auszuhalten. Nachdem die Schmerzen drei Tage später immer noch nicht besser wurden, entschieden wir uns dafür, ins Krankenhaus zu fahren. Ich hatte riesige Angst vor Krankenhäusern und bekam schon allein wenn wir daran vorbeifuhren Herzrasen und regelrechte Panikattacken. Doch da musste ich durch und ich weiß bis heute nicht, wie ich es schaffte, unter diesen unvorstellbaren Schmerzen in die chirurgische Ambulanz zu humpeln. Meine Mutter war dabei und nach Murphys Gesetz ging alles schief, was nur schief gehen konnte. Ich musste fast endlose 2 Stunden warten und wurde schier verrückt vor Schmerzen. Ich nahm täglich bis zu acht Schmerztabletten, doch die Schmerzen hielten an. Als ich dann endlich aufgerufen wurde, durfte ich meine feuerrote, heiße Zehe, die innerhalb der letzten Tage ungefähr um das Doppelte angeschwollen war, einem Arzt unter die Nase halten. Dieser schaute mich nur ratlos an, nahm mir vorsichtshalber Blut ab und schickte mich zum Röntgen. Nach einer weiteren guten Stunde Wartezeit ging die Behandlung weiter und ich bekam zu hören, dass man weder im Blut noch auf den Röntgenaufnahmen irgendeine Veränderung sehen konnte. Ihre erste Vermutung war Gicht, weil das manchmal auch am großen Zeh beginnt. Dafür sprachen aber meine Blutwerte nicht und ich wurde mit einem Salbenverband, Schmerztabletten und den Worten „Wir finden nichts Auffälliges, also kann es nichts Schlimmes sein", wieder nach Hause geschickt. Als gutgläubige junge Frau vertraute ich den Ärzten und nahm zu Hause die verschriebenen Schmerztabletten ein, konnte aber auch zwei Tage später noch keine Besserung feststellen. Wieder fuhren wir ins Krankenhaus, um zumindest noch einmal meine Blutwerte kontrollieren zu lassen. Diese waren aber angeblich wieder unauffällig und ich wurde immerhin mit einem neuen Salbenverband wieder nach Hause geschickt. Nach gut einer Woche verschwanden die Schmerzen und ich konnte wieder arbeiten. Zwar wusste niemand, woher diese Schmerzen kamen, aber ich hielt mich immer an dem Glauben fest, mich vielleicht doch irgendwo gestoßen zu haben, ohne dass ich mich daran erinnern konnte.

Ich arbeitete also weiterhin im Kindergarten und ging zwei Mal die Woche zur Schule. Am Wochenende traf ich mich regelmäßig mit Lena, meiner damals besten Freundin, um auf Partys zu gehen. Ganz normal, wie jedes andere Mädchen in meinem Alter auch. Mein Herz schlug immer noch für diesen einen Jungen, mit dem ich im Sommer zuvor wenige Monate zusammen war, Francesco. Er war immer aktuell, auch wenn ich ihn nur sehr selten zufällig traf. Im April 2006 meldete er sich plötzlich wieder bei mir und ich fiel damals fast aus allen Wolken. Ich war Hals über Kopf in diesen Jungen verliebt und siehe da – wir wurden ein

Paar. Ich lernte nach und nach seine italienische Familie kennen, die mich sehr herzlich aufnahm und ich ließ mich von ihrem italienischen Temperament mitreißen. Es gab kaum einen Tag, an dem ich meinen Freund nicht sah und das erste Jahr unserer Beziehung war traumhaft. Es hat uns etwas verbunden, was ich zuvor noch bei keinem Jungen erlebt hatte. Wir waren uns in jeder Hinsicht einig, waren verliebt und man kannte uns nur noch im Doppelpack. So verging das Jahr 2006 ohne Probleme und ich hätte nie gedacht, dass sich mein Leben einmal um 180° drehen könnte.

Im Jahr 2007 machte ich meine Fachhochschulreife und war immer noch glücklich mit meinem damaligen Freund zusammen. Es lief alles wunderbar, bis ich im April wieder diese wahnsinnigen Schmerzen in meiner großen Zehe bekam. Ich konnte fast 2 Wochen lang nicht zur Schule gehen, konnte weder laufen noch stehen und es lief genau gleich ab wie bereits eineinhalb Jahre zuvor. Wieder fuhr meine Mutter mit mir ins Krankenhaus und wieder wurde mir Blut abgenommen und mein Fuß wurde geröntgt. Wieder waren die Ergebnisse unauffällig und ich wurde ein weiteres Mal mit Schmerztabletten und Salbenverband nach Hause geschickt. Einmal mehr konnte mir niemand sagen, woher die unerträglichen Schmerzen kamen. Ich wurde von einem Arzt nach der Behandlung noch darauf hingewiesen, dass meine Turnschuhe schuld an dem ganzen Übel sein könnten und ich mir doch neue, teurere und qualitativ hochwertigere Schuhe zulegen sollte. Mit diesen Worten verabschiedete er sich und wieder verging eine Woche voller Schmerzen, die dann aber, nahezu von einem Tag auf den anderen, wieder verschwanden.

Im August 2007 begann ich eine Ausbildung zur Rechtsanwaltsfachangestellten in einer großen Kanzlei. Die Arbeit machte mir Spaß und ich

freute mich schon darauf, dass im September endlich die Berufsschule beginnen würde. Exakt an diesem Tag begannen auch wieder meine Schmerzen im Zeh. Nun durfte ich meinem Chef, für den ich erst seit gut 5 Wochen arbeitete, erklären, dass ich weder in der Berufsschule noch im Büro erscheinen konnte, weil meine Zehe schmerzte. Es war mir peinlich, vor allem, weil ich ihm keine handfeste Diagnose nennen konnte. Ich konnte ihm einzig und allein erzählen, dass meine große Zehe so weh tat, dass ich nicht einmal mehr stehen konnte. Er nahm mir diese Geschichte wohl oder übel ab und ich fuhr mit meiner Mutter ein drittes Mal ins Krankenhaus. Dort kannten sie mich schon. Ich wusste schon vorher, dass wieder einmal nichts anderes geschehen würde als das gewöhnliche Blutabnehmen und Röntgen. Wie erwartet, waren all meine Werte unauffällig und sie wollten mich wieder einmal ohne die geringste Diagnose nach Hause schicken. Doch dann ergriff Gott sei Dank mein Mutter das Wort und bestand darauf, dass man eine Computertomographie durchführte. Nach längerem Überlegen stimmte der behandelnde Arzt zu und schickte mich in eine radiologische Praxis, in der ich auch relativ schnell und noch mit akuten Schmerzen einen Termin bekam. Ich hatte wahnsinnige Angst vor dem Ergebnis und musste vor Aufregung alle zehn Minuten auf die Toilette. Ich konnte mich kaum beruhigen. Als die Ärztin mich zur Besprechung des Befundes aufrief, machte ich mich schon auf das Schlimmste gefasst. Doch es geschah das Unerwartete und eigentlich Unerhoffte. Sie konnte auf den Bildern keinerlei Veränderungen erkennen und schickte mich mit diesem Befund wieder zurück ins Krankenhaus.

Ich war einerseits froh, dass bei der Untersuchung nichts Schlimmes herausgekommen war, andererseits hätte ich gern endlich erfahren, woher die unbeschreiblichen Schmerzen kamen.

Meine Mutter fuhr mit mir am selben Tag noch zurück ins Krankenhaus, um den Befund abzugeben. Die Ärzte waren ebenfalls erstaunt und schickten mich auch noch zu einer Kernspintomographie. Ich wurde immer unruhiger und mir fielen die häufigen Arzt- und Krankenhausbesuche von Mal zu Mal schwerer. Irgendwie ahnte ich damals schon, dass irgendetwas nicht mit rechten Dingen zuging. Nachdem wir einige Tage auf den Termin zur Kernspintomographie warten mussten, fuhr mich an jenem Tag dann meine Oma in die radiologische Praxis. Sie blieb bei mir, bis meine Mutter vom Arbeiten kam. Ich musste sämtliche Einwilligungsbescheide unterschreiben, unter anderem den, auf dem die Verwendung eines Kontrastmittels erwähnt war. Da ich mich bis zu diesem Zeitpunkt mit Fragen dieser Art Gott sei Dank nie beschäftigen musste, ließ ich mich von meiner Oma aufklären. Sie erzählte mir, dass die Untersuchung bei meinem Opa auch schon oft gemacht wurde. Er war im Mai 2005, kurz vor meinem 16. Geburtstag, an Lungenkrebs gestorben und es war damals sehr schwer für mich. Meine Oma war damals bei jeder seiner Untersuchungen dabei und kannte sich daher ein wenig besser aus. „Das Kontrastmittel soll anzeigen, ob irgendwelchen bösartigen Zellen, Tumorgeschwülste oder sonstiges in deinem Körper sind", erzählte sie mir. „Opa war es immer furchtbar übel nach dieser Untersuchung, ich schätze wegen des Kontrastmittels."

Plötzlich läuteten bei mir alle Alarmglocken. Krebszellen. Kontrastmittel. Übelkeit. Ich gehörte immer schon zu der Sorte Mensch, die sich keinerlei Packungsbeilagen durchlas, weil bei mir sonst unverzüglich eine der aufgelisteten Nebenwirkungen eintrat. Die Aufklärung meiner Oma war also so ziemlich genau das, was ich in diesem Moment nicht hören wollte. Ich musste ziemlich lange warten, bis ich endlich an der Reihe war und hatte somit genug Zeit, mir den Kopf darüber zu zerbrechen, was mir nun in der Röhre und durch dieses Kontrastmittel alles passieren konnte. So kam es, dass ich schon fast fertig mit den Nerven war, bevor die Untersuchung überhaupt begonnen hatte.

Sie schoben mich glücklicherweise nur bis zur Hälfte in diese Röhre, mit den Füßen voran. Ich bekam einen Venenzugang, damit sie mir dieses Kontrastmittel spritzen konnten und dann ging es los. Eine Stunde lang lag ich in diesem Raum und durfte mich kein Stückchen bewegen. Mir schossen tausend Gedanken durch den Kopf und ich hatte wahnsinnige Angst vor diesem Kontrastmittel. Mir wurde schlecht, ich bekam Kopfschmerzen und ich bildete mir ein, das seien schon die ersten Nebenwirkungen von diesem Mittel. Nach einer dreiviertel Stunde, in der ich es seltsamerweise geschafft hatte, nicht auf diese rote Alarmpumpe zu drücken, die sie mir zu Beginn in die Hand gegeben hatten, sagte die Stimme in meinem Kopfhörer: „In einer viertel Stunde sind wir fertig. Wir spritzen dir nun nur noch das Kontrastmittel und machen noch einmal ein paar Aufnahmen, dann hast du es geschafft." Ich war völlig verwirrt, da ich dachte, dieses Mittel wäre schon die ganze Zeit durch meinen Körper geflossen. Hätte ich gewusst, dass sie dieses Mittel erst gegen Ende spritzen würden, wäre mir in dieser ersten dreiviertel Stunde auf keinen Fall schlecht geworden. Mir wurde zum ersten Mal klar, dass das hier alles Kopfsache war. Nun, Einsicht war der erste Weg zur Besserung.

Nach einer geschlagenen Stunde durfte ich mich wieder anziehen und musste im Gang auf meinen Befund warten. Mir schossen tausend Dinge durch den Kopf. Was, wenn es etwas Schlimmes war? Was, wenn ich unheilbar krank war? Plötzlich ging die Türe auf und ein Arzt lief mit irgendwelchen Bildern schnurstracks an uns vorbei, direkt nach oben in den ersten Stock. Meine Mutter wartete mit mir auf meinen Befund und scherzte noch, das wären meine Bilder gewesen. Eine halbe Stunde später kam der Arzt zurück und tatsächlich, meine Mutter hatte Recht, es waren meine Bilder. Ich sollte gleich mit ins Besprechungszimmer kommen. Mir wurde heiß und kalt. Ich hoffte einerseits, er könne mir sagen, woher meine Schmerzen kamen, andererseits hatte ich tierische Angst vor einer schlimmen Diagnose.

Der Arzt meinte, er hätte in seiner ganzen Laufbahn noch nie solch einen Knochen gesehen. Er sei so kaputt, man könne ihn mit einem Knochen einer achtzigjährigen Frau vergleichen. Er hätte meine Bilder mit den anderen Radiologen im Haus besprochen und sie wären zu dem Entschluss gekommen, dass ich mir wohl irgendwann einmal meinen Zeh gebrochen hatte und er nie mehr richtig zusammen gewachsen war. Das Kontrastmittel hätte scheinbar nichts angezeigt, also könne man sicher sein, dass es nichts Bösartiges war. Ich war total erleichtert. Das einzige was ich hören wollte war, dass es nichts Bösartiges war. Als ich zu Hause war, rief ich sofort Francesco an, um ihm zu erzählen, dass ich mir den Zeh scheinbar nur gebrochen hatte. Sein Kollege, der das Gespräch im Hintergrund mithörte, erklärte mich damals für verrückt. Wie konnte ich mich nur über einen gebrochenen Zeh freuen. Aber dieses Gefühl konnte wohl kaum einer nachvollziehen.

Ich war wahnsinnig gespannt, was die Ärzte im Krankenhaus zu dem Befund zu sagen hatten und wir brachten ihnen die Bilder einen Tag später gleich vorbei. Unglücklicherweise behandelte mich dort ein völlig anderer Arzt wie die beiden Male zuvor. Er hatte somit keine Ahnung, was er zu den Bildern und diesem Befund sagen sollte. Er fragte, was ich mir vorstellte und wie er mich denn meiner Meinung nach behandeln sollte. Er ging überhaupt nicht auf den Befund der Kernspintomographie ein. Als ich ihn nach einer Schiene für die große Zehe fragte, kam er nur mit der Antwort: „Sie können ja einmal in ein orthopädisches Schuhfachgeschäft gehen und sich dort beraten lassen. Suchen Sie sich dort eine Schiene aus, anders kann ich Ihnen leider auch nicht helfen." Ich war total perplex und konnte eigentlich gar nicht glauben, dass ein Arzt einen Patienten mit einem solchen Befund und ohne weiteren Kommentar wieder nach Hause schicken durfte. Aber ich war schon einiges gewohnt von den Menschen in diesen weißen Kitteln und machte mir nicht weiter einen Kopf darum.

Am selben Tag humpelte ich mit meiner Mutter in ein orthopädisches Schuhfachgeschäft. Ich fragte nach einer Schiene für gebrochene Zehen. Die Verkäuferin schaute mich ungläubig an und versicherte mir, dass es solch eine Schiene nicht gäbe. Das einzige, was sie mir anbieten könne, wäre eine Halux-Valgus-Schiene. Das war genau das, was ich nicht brauchte. Ich hatte schließlich keine Zehe, die in irgendeine Richtung vor sich hin wuchs, sondern eine, die gebrochen war und irgendwie wieder zusammenheilen sollte, am besten so, dass ich schnellstmöglich auch wieder in High Heels herumstolpern konnte. Ich bekam einen ultra schicken Vorfuß-Entlastungsschuh gezeigt. Aber das war auch nicht wirklich das, wonach ich suchte. Wahrscheinlich war das größte Problem, dass ich selbst nicht wusste, nach was ich eigentlich Ausschau hielt. Woher sollte ich es auch wissen, wenn nicht einmal ein Mann, der sich Arzt nennen durfte, wirklich Ahnung davon hatte.

Auf dem Heimweg dieser eher erfolglosen Einkaufstour kamen wir an einem weiteren orthopädischen Schuhfachgeschäft vorbei. Die Frau, die dort arbeitete, war mir auf Anhieb um einiges sympathischer als die

Vorherige. Sie wusste mir zwar auch nicht wirklich zu helfen, gab mir aber den Rat, meinen Zeh einmal einem Orthopäden zu zeigen. Das war wohl der erste gute Ratschlag in den vergangenen zwei Jahren. Und er kam nicht einmal von einem Mediziner.

Einige Tage später hatte ich einen Termin bei einem Orthopäden nicht weit von dem Schuhfachgeschäft. Ich saß in einem Wartezimmer zusammen mit Leuten im Durchschnittsalter von etwa 60 Jahren. Als ich nach einer ewigen Wartezeit endlich aufgerufen wurde und im Behandlungszimmer Platz nahm, wusste ich eigentlich nicht so recht, was mich nun hier erwartete. Die Türe ging auf und Dr. W. betrat das Behandlungszimmer. Ein junger und auf Anhieb sympathischer Arzt. Weniger sympathisch waren dann jedoch die ersten Worte, die er mit mir wechselte. „Der Befund auf Ihrer Überweisung klingt nicht gut, wenn es wirklich das sein sollte, was da steht." Ich war relativ verwundert, da ich eigentlich immer noch von der gebrochenen Zehe ausging. Ich hörte ein Wort, welches ich mir erst nach einigen Wiederholungen merken konnte. Osteomyelitis. Knochenmarkentzündung. Da die Schmerzen bereits seit zwei Jahren immer wiederkehrten, war die erste Reaktion des Arztes: „Es ist bei Ihnen scheinbar schon chronisch, da müssen wir dann wohl operieren." Gut, dann operieren wir halt – dachte ich.

Wenige Wochen später lag ich im Krankenhaus und wurde operiert. „Wir wollen deinen Knochen ausputzen, man sieht auf den Röntgenbildern, dass er durch die Entzündung schon sehr angegriffen ist. Alles was kaputt ist, entfernen wir. Hinterher legen wir dir eine Antibiotikakette ein. Diese wirkt dann direkt vor Ort gegen die Bakterien in deinem Knochen", erklärte mir Dr. D. Ich lag ungefähr eine Woche auf der orthopädischen Station zusammen mit Rentnern, die neue Hüftgelenke bekamen. Dort wurde ich nach der Operation noch 5 Tage lang mit Antibiotika über die Vene behandelt. Dreimal am Tag bekam ich insgesamt vier verschiedene Antibiotika verabreicht und bereits am zweiten Tag nach der Operation rannte ich stündlich zur Toilette. Eine sehr unangenehme Nebenwirkung dieser hohen Dosen Antibiotika: Durchfall. Nach einer Woche wurde ich entlassen und musste noch für weitere 6 Wochen drei verschiedene Antibiotika einnehmen. Der Durchfall begleitete mich aber vom Tag nach der Operation an gute 6 Wochen lang. 4 Wochen nach der Operation durfte ich wieder zur Schule, war aber weiterhin davon geplagt.

Immerhin hielten sich die Schmerzen seit der ersten Operation zurück. Ich hatte drei Monate überhaupt keine Schmerzen und meine Hoffnung war groß, dass die Operation den gewünschten Erfolg erzielt hatte. Drei Monate konnte ich ohne die geringsten Schmerzen arbeiten gehen, bis sie im Februar 2008 wiederkamen – seither ging es keinen Monat mehr gut. Ich konnte Gift darauf nehmen, dass ich nach 4 Wochen Arbeiten wieder mindestens eine Woche krank zu Hause verbrachte. Das alles lief ein gutes halbes Jahr so. In diesem halben Jahr war ich öfter bei meinem Orthopäden und meinem Hausarzt als ich im Büro erschien. Man musste ständig meinen Entzündungswert im Blut kontrollieren und ich nahm Schmerztabletten, als wären sie ein Nahrungsergänzungsmittel. Als ich dann Anfang August wieder einen dieser Schmerzschübe hatte, beschlossen mein Vater und ich noch einmal ins Krankenhaus zu fahren, um mich dort noch einmal durchchecken zu lassen. Dort standen nun einmal mehr vier ahnungslose Menschen in weißen Kitteln um mich herum und rätselten, was man noch machen könnte. Sie beschlossen, mir noch einmal sechs Wochen lang Antibiotika zu verschreiben und, wenn die Schmerzschübe dann nicht ausblieben, noch einmal zu operieren. Ich schluckte also wieder brav täglich drei verschiedene Antibiotika und die Schmerzen blieben tatsächlich in diesen sechs Wochen aus. Zwei Tage nach Absetzen der Antibiotika, Anfang September 2008, fuhr ich mit Francesco nach Italien zu seinen Verwandten. Geplant war, dass wir mit dem Auto seiner Eltern fahren und als Gegenleistung einige Zentner Tomaten mitbringen sollten. Diese hätten wir gegen Ende des Urlaubs bei einem Bauern abholen können und wären anschließend zurück nach Deutschland gefahren. Die ersten zwei Urlaubstage verliefen herrlich, ich hatte keine Schmerzen und wir rechneten auch nicht damit, dass uns mein Zeh wieder einen dicken Strich durch die Rechnung machen würde. Am dritten Urlaubstag, einem Samstag, fuhren wir in ein riesengroßes Spaßbad und verbrachten dort einen wunderbaren Tag. Das Wetter war heiß und wir hatten riesigen Spaß. Doch als ich am nächsten Tag aufwachte, merkte ich schon, dass dies wohl der Tag der Abreise werden würde. Meine Zehe schmerzte schon morgens wahnsinnig und ich versuchte ins Bad zu laufen, ohne dass mir mein Freund gleich etwas anmerkte. Ich behielt es vorerst für mich und hielt meinen Fuß in der Dusche für eine Weile unter eiskaltes Wasser, in der Hoffnung, die Schmerzen würden wieder verschwinden. Aber das Gegenteil geschah und mir blieb nichts anderes übrig, als es meinem Freund zu beichten. Dessen Reaktion war völlig anders, als ich erwartet hatte. Er hatte nichts anderes im Kopf, als die versprochenen Tomaten, die wir nun nicht mit nach Deutschland nehmen konnten. Ich war ziemlich enttäuscht, da ich eigentlich damit rechnete, dass ihm meine Gesundheit ein wenig wichtiger war als einige Zentner Tomaten. Aber da lag ich wohl gewaltig daneben und in diesem Moment kamen mir zum ersten Mal Zweifel an unserer Beziehung. Da ich schon gut zweieinhalb Jahre mit ihm zusammen war und durch ihn und seine Familie ein wenig italienisch verstand, kapierte ich relativ schnell, um was es in den Gesprächen zwischen ihm und seinen Verwandten ging, nämlich darum, dass er gerne noch geblieben wäre und dass er sehr enttäuscht war, wegen mir nun nach Hause ins regnerische Deutschland fahren zu müssen. Und es ging natürlich – wie hätte ich es vergessen können – um die Tomaten. Ich ließ mir nicht anmerken, dass ich bereits begriffen hatte, dass ich und meine Zehe ihm eigentlich nur noch auf die Nerven gingen. Ich ließ mir nicht anmerken, wie weh es tat, zu spüren, dass ihm irgendwelche Tomaten wichtiger waren als alles andere – wichtiger als ich.

Gegen achtzehn Uhr fuhren wir dann notgedrungen los in Richtung Deutschland und ich wurde wieder mal schier verrückt vor Schmerzen. Ich kühlte meine Zehe mit Eis von der Tankstelle. War das geschmolzen, überbrückte ich den Zeitraum bis zur nächsten Tankstelle mit Kühlen an der Klimaanlage. Schmerztabletten nahm ich alle zwei bis drei Stunden, doch diese halfen schon lange nicht mehr. Gegen Mitternacht waren wir dann endlich zu Hause und ich wollte nichts anderes als schnellstmöglich zum Arzt. Am nächsten Tag humpelte ich also zu meinem Orthopäden, mit dem ich eigentlich schon längst per du hätte sein müssen. Dieser grinste nur, als er mich sah und begrüßte mich mit den Worten: „Na, tut der Zeh wieder weh?" Mir war alles andere als nach Lachen zumute. Wieder einmal wurde ich nach Hause geschickt mit der Anweisung, Schmerztabletten zu nehmen, bis die Schmerzen wieder verschwanden. „Frau Wahl", sagte er zu mir. „Dieser Zeh wird Sie ein Leben lang plagen. Sie leiden an einer chronischen Knochenmarksentzündung, man kann gegen diese Krankheit nicht viel machen. Sie können keine hohen Schuhe mehr anziehen, langes Laufen und Sport müssen Sie vermeiden. Sie müssen Ihren Fuß hochlegen und schonen, sobald Sie merken, dass es zwickt." Ich wusste gar nicht, was ich sagen sollte. „Erklären Sie das einmal meinem Chef", antwortete ich ihm völlig neben der Spur, „Ich bin doch achtzehn und keine achtzig." Mit diesen Worten verließ ich seine Praxis und wusste nicht recht, was ich nun denken sollte. Ich war immer fest der Überzeugung, dass alles wieder gut werden würde. „Eine, vielleicht zwei Operationen, dann ist alles wieder okay," dachte ich. Und dann warf mich mein Orthopäde mit dieser Prognose völlig aus der Bahn.

Zu Hause machte ich mir Gedanken, ob das wirklich alles gewesen sein sollte. Kein Tanzen mehr, keine Disco, keine hohen Schuhe und keine langen Shoppingtouren mehr. Nein, ich konnte nicht einmal einen Tag im Freibad verbringen, ohne dass ich die nächste Woche mit Schmerzen flach lag. Ich entschied mich relativ schnell, noch einmal zu meinem Orthopäden zu fahren. Ich sagte ihm zum ersten Mal, was ich von ihm und seiner fragwürdigen Behandlung hielt. Ich fragte sogar nach einer Amputation meiner Zehe, doch daraufhin antwortete er nur: „Ihr Knochen ist lediglich entzündet, Sie werden nirgends einen Arzt finden, der Ihnen den Zeh auf Ihren Wunsch hin amputiert." Ich bestand auf einer Überweisung in eine andere Klinik, wenn er mir nicht innerhalb der nächsten zwei Wochen einen OP-Termin besorgte. Ich wollte mein Leben nicht mit chronischen Schmerzen verbringen. „Ihr Knochen ist chronisch entzündet. Wenn Ihr Immunsystem einmal schwächer wird, kann es gut sein, dass es sich noch auf die anderen Knochen verteilt." Bums. Der nächste Schlag, voll auf die Zwölf. „Man wird Sie nicht so schnell operieren, Frau Wahl. Lassen Sie uns doch bis zum nächsten Schmerzschub warten." Warten? Wieder warten? „Wie oft denn noch?", fragte ich ihn. „Ich kann Ihnen garantieren, in vier Wochen sitze ich wieder hier. Und dann heißt es wieder warten. Warten bis zum nächsten Schmerzschub." Und es funktionierte, er setzte sich mit Dr. D. in Verbindung, dem Arzt, der mich schon im Jahr zuvor operiert hatte, und plötzlich hatte ich einen OP-Termin. Nicht einmal zwei Wochen später. Warum denn nicht gleich so?

Ich war wieder einmal in der Klinik und musste mein Zimmer mit einer Frau teilen, die ungefähr viermal so alt war als ich selbst und an allem rummeckerte, was es nur zu meckern gab. Sie litt ebenfalls an Osteomyelitis. Ihr Knie war bereits komplett entfernt und sie war seit drei Wochen bettlägerig. Konnte weder sitzen noch stehen, lag einfach nur den ganzen Tag im Bett. Es schockierte mich, dass ich genau diese Krankheit haben sollte. Eine Krankheit, bei der man nicht einmal wusste, ob man sie irgendwann einmal in den Griff bekommen könnte. Ich wurde operiert, mir wurden wieder abgestorbene Knochenteile am Grundgelenk der großen Zehe entfernt. Anschließend wurde ich wieder über drei Tage mit Antibiotika, die ich über eine Infusion bekam, behandelt. Irgendwie überstand ich diese drei Tage mit diesem Drachen in meinem Zimmer. Am vierten Tag kam der Arzt zu mir ins Zimmer und meinte, meine Entzündungswerte besserten sich, ich dürfe nach Hause. Sie würden mein Gewebe noch einschicken, um es kontrollieren zu lassen, aber das geschehe alles rein routinemäßig. Der Knochen sei sehr entzündet gewesen und sie hätten relativ viel weggesäbelt. Es sei nun nicht mehr viel übrig von diesem Knochen, daher dürfte ich ihn keinesfalls belasten. Fortan durfte ich nur noch mit einem Vorfußentlastungsschuh herumhumpeln. Ich hasste diesen Schuh. Aber ansonsten sah alles gut aus, und er könne mich mit gutem Gewissen entlassen. Hoppla, dachte ich, das ging aber schnell.

Erstens kommt es anders und zweitens als man denkt.

Ich war wieder zu Hause und für die nächsten fünf Wochen krank geschrieben, aber das hatte ja nicht nur Nachteile: Ich konnte ausschlafen und richtig schön entspannen. Dachte ich. Nun war ich gerade den dritten Tag zu Hause, als morgens kurz vor halb neun das Telefon klingelte. Meine Mutter war gerade mit dem Hund Gassi und deshalb hob ich schlaftrunken den Hörer ab. „Frau Wahl? Hier ist Praxis Dr. H. und Dr. R., es geht um Ihre Tochter", dröhnte es mir entgegen. Was war denn das? Ich war vom Klingeln des Telefons aufgewacht, hatte die Frau denn gar kein Mitgefühl? „Ich BIN die Tochter. Ihnen auch einen schönen guten Morgen. Meine Mutter ist im Moment nicht da, kann ich was ausrichten oder soll sie zurückrufen?" „Ach, Sie sind es selbst? Sind sie denn gar nicht mehr im Krankenhaus? Richten Sie ihrer Mutter bitte aus, dass sie schnellstmöglich alle Unterlagen von Ihnen in den umliegenden Arztpraxen und Krankenhäusern abholen und sie, wenn es geht heute noch, hierher ins Krankenhaus bringen soll. Richten Sie ihr aus, es sei sehr, sehr dringend, die Ärzte telefonieren schon seit Stunden miteinander. Wir haben versucht, die Unterlagen zu faxen, aber irgendwie funktioniert unser Fax nicht." Völlig verwirrt legte ich den Hörer auf und blieb einige Minuten fassungslos stehen. Als meine Mutter zurück war, erzählte ich ihr von dem seltsamen Anruf dieser überaus unfreundlichen Sprechstundenhilfe. Auch sie war völlig verdutzt und rief sofort im Krankenhaus an, um zu erfahren, um was es denn eigentlich ging. Sie wurde gleich mit dem Arzt verbunden, der mich dort behandelte. Ich saß oberhalb der Treppe auf der Couch und hörte zu, wie sie telefonierte.

„Was ist denn los, warum brauchen Sie so schnell alle Unterlagen?" ...
„Was heißt das im schlimmsten Fall?" Ich hörte sie schluchzen und mir
schoss sofort ein Gedanke in den Kopf: Krebs. Ich wusste, dass es darum
ging. Ich kann nicht sagen, warum und woher der Gedanke kam, aber
er war schlagartig da. Ich stand auf, um zu meiner Mutter zu humpeln,
ich hatte noch Krücken, da die OP gerade eine Woche her war. Doch
nach den ersten drei Schritten klappten meine Beine einfach weg. Ich
konnte nicht mehr stehen. Ich saß auf dem Boden und konnte nicht
glauben, was gerade vor sich ging. Meine Mutter saß unterhalb der
Treppe noch am Telefon, ich oberhalb. Zusammengekauert, zitternd.
Ich nahm nicht wirklich wahr, was passierte und es war, als würde ich
träumen. Ein Alptraum. Doch es war real. Es ging darum, dass ich möglicherweise Krebs hatte. Mein ganzer Körper zitterte und es hörte nicht
auf. Es hörte einfach nicht mehr auf. „Der Pathologe hat in deinem
Gewebe Zellen gefunden, die ihm nicht hundertprozentig gefallen. Sie
schicken das Gewebe jetzt weiter in die Schweiz, zu einem spezialisierten
Pathologen. Es sei aber alles routinemäßig und wir sollen uns keine zu
großen Sorgen machen. Eigentlich hätten wir es gar nicht erfahren sollen,
eigentlich hätte das alles unter der Hand passieren sollen." Meine Mutter
zitterte selbst und ich wusste, dass das nicht alles war, was sie mit dem
Arzt geredet hatte. „Und was kann im schlimmsten Fall passieren? Was
kommt im schlimmsten Fall heraus?" „Im schlimmsten Fall ist es ein
Tumor. Aber es gibt auch gutartige Tumore, wir sollen uns wirklich
keine allzu großen Sorgen machen."
Irgendwie konnte ich ihr das alles nicht so wirklich glauben. Außerdem
machte auch sie sich große Sorgen, das sah ich ihr an. Wir baten meine
Oma, sich sofort auf den Weg zu meinem Orthopäden, der Radiologi-
schen Praxis und dem Krankenhaus zu machen, um meine Unterlagen
überall einzusammeln. Ich rief bei meinem Hausarzt an, dessen

Sprechstundenhilfe uns alle in diesen Schock versetzt hatte und sie verband mich tatsächlich auf der Stelle mit ihm. Schon das war kein gutes Zeichen. Ich fragte ihn, was denn los sei und ob ich nun wirklich Angst haben musste, Krebs zu haben. Er versuchte mich zu beruhigen und erzählte mir, dass bei solchen Knochentumoren meist nur der vom Krebs befallene Körperteil amputiert werden musste. Damit hätte es sich dann in den meisten Fällen gehabt. Keine Chemotherapie. Kein Sterben. Ich sollte ruhig bleiben. Er hätte sich meine Unterlagen selbst durchgeschaut, hätte sie sogar übers Wochenende mit nach Hause genommen. Und er konnte sich nicht vorstellen, dass ich einen bösartigen Tumor an meiner großen Zehe hatte. Auch der Verlauf meiner Schmerzschübe sprach nicht für Krebs. Das Anschlagen meiner Entzündungswerte im Blut auf Antibiotika. Die jahrelangen Schmerzen ohne Veränderung des Knochens. Außerdem gäbe es solche veränderten Zellen auch bei Entzündungen. Und mein Knochen war entzündet, das sagte jeder Arzt, der mich behandelt hatte. Ich solle ruhig bleiben und abwarten. Abwarten.

Ich wartete. Ich wartete auf das pathologische Ergebnis aus der Schweiz. Eine Woche. Zwei Wochen. Drei Wochen. Vier Wochen. Vier Wochen lang mit der Angst zu leben, man hätte Krebs. Vier Wochen lang nicht zu wissen, ob man das Ganze überhaupt überlebte, war die Hölle. Es war unvorstellbar schrecklich und ich kann nicht erklären, warum ich damals nicht einfach einen Strick genommen und mich damit aufgehängt hatte. Es war der reinste Psychoterror. Ich wachte morgens auf und mein erster Gedanke war: „Krebs". Ich ging abends ins Bett und mein letzter Gedanke war „Krebs." Wie ich es geschafft hatte, tagsüber überhaupt zu existieren, weiß ich bis heute nicht. „Leben" konnte man das, was ich tagsüber tat, überhaupt nicht mehr nennen. Ich vegetierte eigentlich nur noch so vor mich hin. Nach der vierten Woche rief ich im Krankenhaus an. Man verband mich mit Dr. D., dem Arzt, der mich operiert hatte. Dieser versicherte mir, er würde sich sofort melden, wenn das Ergebnis da wäre, aber für ihn war es eindeutig eine chronische Knochenentzündung. Er operierte diese Art von Knochenkrankheiten schon seit über fünfundzwanzig Jahren. Sogar früher in Russland, dort gab es haufenweise Menschen, die an Osteomyelitis erkrankt waren. Sie hatten sich die Bakterien durch offene Wunden im Krieg eingefangen. Deren entzündete Knochen sahen exakt so aus, wie mein kaputter Knochen im Zeh, meinte Herr Dr. D. immer wieder. In seiner ganzen beruflichen Laufbahn hätte es noch keinen Fall gegeben, bei dem sich hinterher herausgestellt hatte, dass es ein Tumor war. Ich solle mich wirklich nicht verrückt machen, es würde mit Sicherheit alles gut ausgehen.

Das war zwar nicht unbedingt das, was ich hören wollte, aber immerhin hatte er mich ein wenig beruhigt. So verging die fünfte Woche, die sechste Woche, die siebte Woche. Ohne irgendeine Nachricht aus dem Krankenhaus. Ich erschrak jedes Mal, wenn das Telefon klingelte, buchstäblich zu Tode. Ich hatte bei jedem Klingeln Panik, zu erfahren, dass ich sterben musste. Diese Ungewissheit war das Schlimmste. Wenn ich doch nur gewusst hätte, wie meine Chancen standen, falls es doch Krebs war. Wie weit war der Krebs schon und hatte ich überhaupt eine Chance, lebend aus dieser Geschichte herauszugehen?

In der achten Woche klingelte morgens um kurz nach zehn Uhr das Telefon. Auf dem Display erschien die Nummer des Krankenhauses. Ich konnte sie mittlerweile auswendig und ich war gerade mit meinem Bruder allein zu Hause. Ich sah die Nummer und begann zu zittern wie

Espenlaub. Ich konnte kaum den Knopf drücken, um das Gespräch anzunehmen.

„Guten Morgen Frau Wahl, sind Sie es? Also wir haben nun die Laborergebnisse aus der Schweiz erhalten." „Endlich", dachte ich, traute mich aber nicht weiter zu fragen, was dabei herauskam. Als hätte es jetzt noch etwas geändert. „Nun, Frau Wahl. Wir stehen jetzt wieder ganz am Anfang. Wir wissen weder mehr noch weniger als vor acht Wochen. Dem Pathologen aus der Schweiz reichte das Gewebe nicht aus, er konnte nun keine genaue Diagnose stellen. Wir können jetzt absolut nicht sagen, ob es eine Entzündung oder gar doch etwas Schlimmeres ist. Der Pathologe empfiehlt, noch einmal zu operieren und ihm das Gewebe direkt zu schicken. Das Ganze soll aber in einem anderen Krankenhaus geschehen. Wir würden Sie morgen um neun gern zu einem Gespräch einladen und Ihnen dann erklären, was wir weiter mit Ihnen vorhaben." Den Rest des Gespräches nahm ich nur noch benommen war. Ich war völlig verwirrt, damit hatte doch keiner gerechnet. Noch einmal operieren. Noch einmal die Angst vor diesem Anruf. Ich sollte noch einmal durch die Hölle.

Ich saß im Schlafzimmer meiner Mutter, schaute mich im Spiegel ihres Kleiderschrankes an und sah eine völlig verstörte junge Frau. Hatten mir die letzen acht Wochen wirklich schon so zugesetzt? Und nun sollte ich das Ganze noch einmal erleben? Noch einmal jeden Morgen nach dem Aufwachen diese Angst. Diese Angst, welche schreckliche Nachricht heute vielleicht ins Haus flattern könnte. „Ich dachte, Sie kennen sich so gut aus, Herr Dr. D.? Warum führen Sie die OP nicht noch ein drittes Mal durch? Warum werde ich jetzt von einem Krankenhaus ins Nächste weitergereicht, ohne das jemand weiß, was überhaupt los ist?", fragte ich den Arzt, dem ich bisher eigentlich immer vertraut hatte. „Beruhigen Sie sich, Frau Wahl. Das ist einzig und allein die Empfehlung des Pathologen aus der Schweiz. Das Krankenhaus in Stuttgart hat Spezialisten für solche Fälle. Vertrauen Sie mir und machen Sie sich nicht verrückt. Kommen Sie morgen um neun Uhr in unsere orthopädische Ambulanz, und wir werden alles Weitere mit Ihnen besprechen. Auf Wiederhören."

„Machen Sie sich nicht verrückt." Wie oft hatte ich diesen Satz in den letzten Wochen gehört. Von so ziemlich jedem Weißkittel, der mir gegenüberstand und an meiner Zehe herumdokterte. Doch, ich machte mich verrückt. Wie sollte man sein Leben nach Meinungen der Ärzte leben, wenn man jeden Tag auf das Ergebnis solch einer Untersuchung wartete? Wie sollte ich mich auf den nächsten Tag freuen, wenn dies genau so gut der Tag sein konnte, an dem ich erfahren würde, dass ich nicht mehr lange zu leben hatte? Kein Mensch konnte sich vorstellen, was in meinem Kopf ablief, was ich mir ausmalte. Das reinste Kopfkino. Ich war einerseits so froh gewesen, dass die Nummer des Krankenhauses auf dem Display unseres Telefons erschien, weil ich hoffte, die Ungewissheit würde ein Ende nehmen. Doch gleichzeitig hatte ich solch eine Angst vor diesem Befund. Und dann bekam ich erst keine eindeutige Antwort. Ich wurde wieder vertröstet, einmal mehr. Wieder hing ich völlig in der Luft, wusste nicht, was los war – wie in den letzten Jahren ständig. „Machen Sie sich nicht verrückt." Diesen Satz konnte ich langsam nicht mehr hören.

Es war Tag eins nach dem schrecklichen Anruf von Dr. D. Um neun Uhr sollte ich in seiner Ambulanz erscheinen, doch dort brachte mich an diesem Morgen niemand hin. Ich konnte einfach nicht über mein

Knochengewebe und irgendwelche Zelluntersuchungen sprechen. Ich konnte mir nicht noch mal sagen lassen, dass man den Verdacht auf Krebs bisher nicht ausschließen konnte. Ich war nicht fähig, an diesem Gespräch teilzunehmen. Mein Vater erschien allein in der Ambulanz von Dr. D., sprach allein mit den Ärzten, die selber nicht mehr so recht wussten, was nun noch richtig oder falsch war.

„Es ist alles halb so wild. Du darfst dich nicht so verrückt machen. Sie werden einfach alles noch einmal so machen wie bei den letzten beiden Operationen. Und sollte tatsächlich herauskommen, dass es sich um einen Tumor handelt, ist es dein Glück, dass er sich am Zeh befindet. So weit weg vom Körper wie es nur geht. Aber keiner der Ärzte war der Meinung, dass es sich ernsthaft um so etwas handeln könnte." Mein Vater war beruhigt nach dem Gespräch. Er war wirklich ruhig. Und vielleicht hätte ich mich auch beruhigen sollen. Es hätte sich schließlich doch alles noch zum Guten wenden können.

Am nächsten Morgen hatte ich um acht Uhr einen Termin im Krankenhaus in Stuttgart, in der Ambulanz von Dr. W. Wieder eine neue Ambulanz, wieder neue Ärzte. Wieder eine neue Krankenakte. Zusammen mit meinem Vater meldete ich mich an und bekam zu hören, dass ich überhaupt keinen Termin hatte und dass sich Herr Dr. W. meine Unterlagen ohnehin nicht persönlich anschauen würde. Ich solle Platz nehmen und warten, bis ich aufgerufen werde. Nicht wirklich nett waren sie in diesem Krankenhaus, aber das war erst der Anfang.

Wir saßen zusammen mit ungefähr dreißig anderen in dieser Ambulanz und warteten geschlagene drei Stunden, bis das erste Mal mein Name fiel. Ich hatte ernsthaft schon daran geglaubt, sie hätten mich vergessen. Unrecht wäre es mir jedenfalls nicht gewesen. Eine junge, große Ärztin folgte uns in Zimmer 3. Eine sehr unsympathische Person, wie sich kurz darauf herausstellte. „Nun erzählen Sie mir mal, wann das mit den Schmerzen bei Ihnen begonnen hat und erklären Sie mir den Verlauf, dass ich mir eben kurz ein Bild machen kann." Mit überschlagenen Beinen saß sie uns gegenüber und kritzelte auf ein leeres Blatt Papier, ohne einmal mit mir den Blick zu wechseln. Ich erzählte ihr von meinen Schmerzen und sie schrieb mit. „Seit drei Jahren Schmerzen. Bisher wurde kein bakterieller Erreger gefunden, trotzdem behandelte man Sie auf eine Knochenentzündung. Ich verstehe das absolut nicht und weiß nicht, bei welchen Ärzten Sie waren. Aber wenn das alles wirklich so war, wie Sie es mir eben geschildert haben, dann haben wir ein riesengroßes Problem." „Danke, Ihnen auch noch einen schönen Tag, ich gehe." Das hätte ich am liebsten gesagt. „Frau Wahl, Ihre Geschichte klingt sehr seltsam, und es ist absolut nicht mit dem Verlauf einer Knochenentzündung zu vergleichen. Es kann durchaus etwas sehr viel Schlimmeres sein." „Danke, Ihnen auch noch einen schönen Tag, ich gehe", sagte ich nun doch, packte meinen Wintermantel und humpelte in Richtung Tür. Hätte mich mein Vater nicht zurückgehalten, wäre ich gegangen. Ich wollte mir nicht von einer Frau, die noch keine meiner Unterlagen gesehen hatte, sagen lassen, dass ich durchaus Krebs haben könnte. „Wissen Sie Frau Wahl, es ist schon sehr außergewöhnlich, dass wir für ein anderes Institut Gewebe entnehmen, das gab es noch nie und Ihr Fall ist wirklich sehr, sehr seltsam." Wieder stand ich auf und wollte einfach nur noch weg. Weg aus diesem Krankenhaus, in dem jeder so unfreundlich war. Dabei wollte ich eigentlich nur, dass mir irgendjemand half. „Ich höre mir das hier nicht weiter an", sagte ich zu dieser unfreundlichen, kalten Frau in diesem hässlichen weißen Kittel und war den Tränen nahe. „Ich müsste Ihnen noch Blut abnehmen, oder soll ich das etwa auch lassen? Sie müssen es mir nur sagen", entgegnete sie mir. „Es geht mir nicht um dieses blöde Blutabnehmen, wegen mir können Sie es mir literweise abnehmen. Es geht mir darum, dass Sie sich noch nicht einmal meine Unterlagen durchgeschaut haben und schon über meine Gesundheit urteilen", gab ich ihr zur Antwort. Es war das erste Mal in meinem Leben, dass in meinem Körper alles kribbelte, kribbelte vor Wut. Ich hatte solch einen Zorn auf diese Frau, dass ich sie am liebsten alles geheißen hätte. Ich war immer ein sehr ruhiges und schüchternes Mädchen, aber in diesem einen Moment fühlte ich eine höllische Wut in meinem Bauch und ich wäre geplatzt, hätte ich dieser Frau nicht gesagt, was ich dachte. Die Ärztin warf die Röhrchen, mit denen sie mir mein Blut abnehmen wollte, in die Ecke und verabschiedete sich mit einem giftigen: „Dann gehen Sie jetzt zum Röntgen. Wenn das so ist, behandle ich Sie nicht mehr. Alle weiteren Fragen stellen Sie bitte nachher dem Chefarzt." Und weg war sie. Gott sei Dank.

Völlig neben der Spur verließ ich die Ambulanz und ging mit meinem Vater erst einmal nach draußen. Selbst er sagte kein Wort mehr, wobei er immer derjenige war, der sich sicher war, dass es sich nur um eine Entzündung handeln konnte. Selbst er schwieg, und das war das Schlimmste. Nachdem er eine Zigarette zur Beruhigung und noch eine, schätzungsweise um seine Sprache wieder zu finden, geraucht hatte, machten wir uns auf den Weg zum Röntgen. Ich hasste dieses Krankenhaus. Ich hasste dieses riesige Schiff, das gleich im Eingangsbereich stand, auf dem alle Kinder so lustig spielten. Als wäre die Welt kunterbunt und alles wäre in allerbester Ordnung.

Das Röntgen ging schnell. Ich war innerhalb einer viertel Stunde fertig und nun saßen wir wieder in der Ambulanz von Dr. W. Ich hasste diese

Ambulanz. Ich hasste die Menschen, die mit mir hier saßen und warteten. Die kamen, weil sie den kleinen Finger angebrochen hatten oder weil sie irgendwelche anderen, lächerlichen Wehwehchen hatten. Wir warteten wieder gute drei Stunden, bis wir endlich drankamen. Das hätte ich davon, weil ich meine Klappe so weit aufgerissen hatte, meinte mein Vater. Aber ich war froh, dass ich zum ersten Mal in meinem Leben diese große Klappe hatte. Ich war froh, dass ich diese Frau nicht habe weiterreden lassen, wer weiß, was sie mir noch prophezeit hätte.

„Guten Tag, Frau Wahl." Gott sei Dank, ein Arzt. Ein hübscher Arzt eigentlich. Und er machte auf mich sofort einen freundlicheren Eindruck als die Ärztin zuvor. Ich mochte Ärzte sowieso viel lieber als Ärztinnen. „Wir haben Ihre Röntgenaufnahmen, und ich sehe keinerlei Veränderung. Es sieht soweit alles ganz normal aus und ich kann mir nicht vorstellen, dass da etwas Bösartiges im Spiel sein soll." Er wusste wohl, wie er mit mir reden musste, genau das wollte ich hören. Plötzlich ging die Türe auf und die mir schon bekannte Ärztin stand wieder mitten im Zimmer. „Sie wollten mich doch nicht mehr behandeln?", dachte ich. Noch viel lieber hätte ich es gesagt. „Wie gerade besprochen", fuhr der hübsche Chefarzt fort, „ich sehe keinerlei Veränderungen auf dem Röntgenbild. Trotzdem würden wir Sie nach dem Wochenende gern operieren. Wir werden den kompletten Knochen entfernen, nur die Endstücke an den Gelenken werden wir stehen lassen. Unser Problem ist einfach, dass von Ihrem Knochen nicht mehr viel vorhanden ist und wir nun radikal vorgehen müssen. Sonst haben wir wieder zu wenig Gewebe und wieder keinen endgültigen Befund. Kommen Sie am Montag einfach um zehn Uhr auf die orthopädische Station. Wir werden Sie dann gleich am Montag noch operieren, sodass wir das alles

schnell über die Bühne kriegen." Na bitte, so hatte ich mir das vorgestellt. Warum denn nicht gleich so?

Diese Ärzte hier erwarteten scheinbar auch keinen bösartigen Tumor.
Sie gingen ebenfalls von einer Entzündung in meiner Zehe aus. „Falls es
doch etwas Bösartiges sein sollte, wie sieht meine weitere Behandlung
dann aus?", wollte ich wissen. Mein Vater fiel mir ins Wort: „Darüber
denken wir nicht nach", sagte er und wollte mir das folgende Gespräch
ersparen. „Wir müssen Ihrer Tochter diese Frage beantworten", entgegnete der Arzt meinem Vater und schaute daraufhin in meine Richtung.
„Man wird Ihren ganzen Körper nach weiteren Herden untersuchen
müssen. Selbstverständlich auch, um zu sehen, ob sich bereits Metastasen gebildet haben. Dann werden Sie eine Chemotherapie bekommen
und anschließend folgt noch einmal eine größere Operation." Ich erfuhr also nichts, mit was ich nicht schon seit über acht Wochen gerechnet hatte.

Da saß ich nun und führte das Gespräch, vor dem es mich schon lang
gegraust hatte. Die Ärzte redeten von einem bösartigen Tumor. Von
Metastasen. Von Krebs. In meinem Körper. Ich saß da und konnte es
kaum begreifen. Es war schon spät, ehe wir uns an diesem Freitagabend
Ende November 2008 auf den Nachhauseweg machen konnten. Wir
fuhren durch Stuttgart auf die Autobahn, es war dunkel und die Stadt
war hell beleuchtet. Das Wochenende begann für alle, nur für uns nicht.
Mein Vater fuhr, ich saß auf dem Beifahrersitz und schaute nach draußen
in die Nacht und wir schwiegen beide. Keiner sagte ein Wort, weil wahrscheinlich niemand jemals die passenden Worte gefunden hätte. Ich
war völlig verzweifelt und mir wurde klar, dass ich diesen Tag wohl im
Leben nicht mehr vergessen würde.

Ich erschien montagmorgens mit meinen Eltern auf der orthopädischen Station. „Verdacht auf einen bösartigen Tumor" stand auf meinem Überweisungsschein und ich war wahnsinnig nervös. Ulli füllte mit mir den Aufnahmeschein aus. Er war der Krankenpfleger der Station. Er war nicht gerade groß und auch nicht sehr attraktiv. War schlank, blond und trug eine Brille. Aber er war lustig. Er zauberte mit seiner lockeren Art meine Tränen weg, die seit morgens sechs Uhr ununterbrochen liefen. Und er brachte mich auf mein Zimmer. Ich sollte an diesem Tag noch operiert werden, kam aber als letzte dran, da die Ärzte immer noch der Meinung waren, dass sich in meinem Knochen Bakterien befanden. Ich war daher die Letzte, weil die Ärzte vermeiden wollten, dass meine Bakterien vielleicht irgendwie in die Wunde des Patienten gelangten, der nach mir auf dem Operationstisch lag. Aber vorerst lag ich erst einmal noch eine halbe Ewigkeit auf meinem Zimmer. Meine Eltern saßen neben mir und wir warteten auf meine Operation.

Es war erst kurz nach zwölf und ich wurde immer aufgeregter. Meine Tränen kullerten wieder und irgendwann hatte eine Krankenschwester Mitleid mit mir und schickte mir eine Ärztin vorbei. Innerhalb kürzester Zeit hatte ich eine Infusion mit einem Beruhigungsmittel über mir hängen. „Davon sollten Sie bis zur Operation schlafen", meinte sie zuversichtlich und verschwand wieder. Schlafen bis zur Operation? Fehlanzeige. Ich hätte wohl eine Elefantendosis gebraucht. So versuchte ich nun irgendwie die Zeit totzuschlagen. Um fünfzehn Uhr war ich mir sicher, es könne nicht mehr allzu lange dauern, bis ich endlich drankam. Ich schlurfte ins Bad und siehe da, das Beruhigungsmittel zeigte im Stehen doch eine beachtliche Wirkung. Die Dusche befand sich in einem extra Raum, ich musste nun also einmal quer über den Gang marschieren. Es war eine kleine, eklige, alte Dusche. Außer zwei Haken befand sich in diesem Raum nichts. Irgendwie sollte ich aber mein Op-Outfit, samt Handtuch und Duschgel unterbringen. Zumal ich auch noch meine alten Kleider ausziehen und diese ebenfalls irgendwo lagern musste. Mit der Organisation hatten sie es in diesem Krankenhaus nicht so. Das merkte ich jetzt schon. Es gelang mir dann doch zu duschen, ohne meine Klamotten unter Wasser zu setzen und so zog ich anschließend mein OP-Outfit an. Dieses bestand aus einem Hemd, welches man nur im Nacken zusammenbinden konnte und einem Netzunterhöschen, was nicht wirklich viel verdeckte. So watschelte ich zurück in mein Zimmer. Mein Hemdchen mit den Engelsflügeln versuchte ich mit meiner freien Hand über meinem Po zuzuhalten, weil sonst jeder einen freien Ausblick auf diesen gehabt hätte. In der anderen Hand balancierte ich meine Klamotten, Handtücher und Duschgel. Als ich in meinem Zimmer war, stopfte ich alles in meinen Koffer und legte mich wieder in mein Bett. Ich hatte das Bett an der Fensterseite, oben im siebenten Stock. Falls das Laborergebnis schlecht ausfallen würde, musste ich also nur einen Schritt machen, um kurz vor dem Abgrund zu stehen, überlegte ich, während ich auf die Schwestern wartete und darauf, dass die OP endlich losging. Doch da hatte ich mich getäuscht, das Fenster konnte man nur kippen, wie sich einige Zeit später herausstellte. So viel hatte ich in diesen acht Wochen dann doch nicht abgenommen, als dass ich durch diesen engen Spalt gepasst hätte. Da müsste ich mir dann doch noch etwas anderes überlegen.

Plötzlich ging alles ganz schnell. Ich konnte gerade noch meine Beruhigungstablette hinunterschlucken, die man routinemäßig vor jeder Operation bekommt, und schon schoben mich zwei Krankenschwestern aus meinem Zimmer, quer durchs Krankenhaus direkt in den kalten OP-Bereich. Dort stellte sich mir gleich Dr. F. vor, der Arzt, der die Operation durchführte. Er begrüßte mich mit den Worten: „Ach, Sie sind die mit

dem Verdacht auf ein Sarkom am Zeh?" Er hatte es erfasst. Jetzt musste er mir nur noch erklären, was ein Sarkom war. „Das heißt?" fragte
ich. „Ach, nur ein bösartiger Tumor", antwortete er mir wortwörtlich.
NUR ein bösartiger Tumor. Der hatte Nerven. „Das sagen Sie so locker, NUR ein Tumor", antwortete ich ihm. „Nein, nicht locker", beruhigte er mich. „Es gibt nichts, was es nicht gibt, aber ein bösartiger
Tumor an einer großen Zehe, das kann ich mir beim besten Willen
nicht vorstellen. Solche Tumore hat man, wenn, dann an den langen
Röhrenknochen und nicht am Zeh. Sie brauchen wirklich keine Angst
zu haben." Er konnte mir zwar nicht versichern, dass alles gut ausgehen
würde, trotzdem beruhigte es mich ungemein, diese Sätze von dem
Arzt zu hören, der in der kommenden Stunde vorhatte, mich aufzu-
schneiden und meinen Knochen durch Zement zu ersetzen. Mit einem
Ruhepuls von einhundertfünfzig glitt ich langsam ins Land der Träume
und bekam glücklicherweise von dieser ganzen Umbauaktion, die dort
an meinem Knochen stattfand, nicht das Geringste mit. Als ich wieder
zu mir kam, schoben mich gerade zwei Schwestern in Richtung Ausgang des OP-Bereichs. Sie redeten wahnsinnig laut miteinander. Aber
vielleicht lag diese Lärmempfindlichkeit auch an meiner Narkose, die
langsam nachließ und mich noch etwas benommen machte. Ich hörte
nur die Worte „...ist etwas Entzündliches...anderes Zimmer..." und
konnte es kaum glauben. Wenn sie wirklich über mich sprachen, hatte
das ganze Zittern und Bangen ein Ende. Mein Vater wartete bereits im
Flur auf mich und als er die Schwestern fragte, wie die OP verlaufen
sei, bekam er die Antwort, auf die wir alle so sehnsüchtig warteten.
„Der Arzt meinte, es sei eindeutig eine Entzündung gewesen. Wir
werden sie nun in ein anderes Zimmer legen, wegen der Bakterien." Es
war wunderbar, meinen Eltern und mir flog ein ganzer Steinbruch vom
Herzen und wir waren zum ersten Mal seit zwei Monaten beruhigt.

Meine Eltern verabschiedeten sich an diesem Abend schnell. Die Operation hatte doch etwas länger gedauert und es war schon ziemlich spät. Außerdem wollte ich auch nichts anderes mehr als schlafen. Ich war von der Narkose noch total neben der Spur und hundemüde. Und ich war ruhig. Wahnsinnig ruhig.

In dieser Nacht schlief ich so gut wie in den letzten acht Wochen nicht. Ich wachte öfters auf und erschrak, doch dann fielen mir wieder die Worte der Schwestern ein. Ich hatte eine Knochenentzündung. Einfach nur eine Knochenentzündung und keinen Krebs. Keinen Krebs – und dann schlief ich sofort wieder ein. Ich schlief seelenruhig. Doch das war nur die Ruhe vor dem Sturm.

Am nächsten Morgen kam morgens um halb acht schon die Visite. Mein Vater und meine Mutter waren da, als ich morgens aufwachte und der Arzt, der mich am Tag zuvor operierte, war bei der Visite dabei. Da die Operation am Tag zuvor so spät war, hatte er abends keine Zeit mehr, uns zu sagen, wie sie verlaufen war. „Es lief alles hervorragend, wir haben Ihren Knochen entfernt und ein Zementblock in Ihrer Zehe ersetzt nun diesen fehlenden Knochen." Gut, darüber war ich bereits bestens informiert und wollte nun eigentlich nur wissen, ob die Schwestern damit Recht hatten, dass es sich bei mir um etwas Entzündliches handelte. „Stimmt es, dass ich mir jetzt sicher sein kann, dass der Knochen einfach nur entzündet war?", fragte ich ihn und bekam eine Antwort, die ich mir so nicht gewünscht hatte. „Frau Wahl, es gibt nichts, was es nicht gibt, aber der Knochen sah für mich eindeutig entzündet aus. Doch die Bakterien, wenn es welche gibt, schreien nicht „Hallo, hier sind wir", wenn wir den Knochen ausräumen. Darum müssen wir für die endgültige Diagnose auf den Laborbefund aus der Schweiz warten." Warten, wieder warten. Wie lange? Könne er mir nicht sagen. Als hätten mir die vergangenen zwei Monate nicht schon längst gereicht.

Am nächsten Morgen war Chefvisite. Der Oberarzt der orthopädischen Station war dabei. Wie mir meine Bettnachbarin erzählte, war er ein ziemlich hohes Tier auf seinem Gebiet. War wohl bundesweit bekannt und jeder nannte ihn nur „den Knochenpapst". Meine Eltern waren an diesem Morgen bei dieser Visite auch dabei und ich war wahnsinnig aufgeregt. „Es gibt nichts, was es nicht gibt", begann der Knochenpapst. „Aber ein bösartiger Tumor an der großen Zehe, das kann ich mir nun kaum vorstellen. Für mich sieht das auch eindeutig nach einer Knochenentzündung aus. Auf keinen Fall nach Krebs. Und Ihr Röntgenbild der Zehe sieht auch um einiges besser aus." Er hob mir das Röntgenbild meines Vorfußes unter die Nase und erklärte mir, dass der Zement perfekt „eingebaut" war. Ich sah einen großen Zeh mit einem viereckigen Block anstatt eines Knochens. Es sah komisch aus, aber es sollte ja auch nur eine Übergangslösung sein. Nur solange man nicht genau wisse, was sich da in meinem Zeh versteckte. Da alle Ärzte aber durchweg der Meinung waren, dass es sich um eine simple Entzündung handelte, ging ein jeder davon aus, dass man mir in spätestens zwei Wochen einen Knochen von der Hüfte in meine große Zehe verpflanzen würde. Alle außer mir waren wahnsinnig zuversichtlich und sich eigentlich schon ziemlich sicher, dass die Sache mit nur noch einer einzigen Operation erledigt war. Doch nun wartete ich erst einmal auf den Laborbefund und ich hatte noch mehr Angst vor dem Ergebnis als ich es die vorigen zwei Monate hatte. Ich erschrak bei jedem Klopfen an der Tür. Bei jedem Mal, wenn die Türklinke heruntergedrückt wurde, wurde mir heiß und mein Puls begann schlagartig noch schneller zu rasen, als er es ohnehin schon tat. Ich hatte panische Angst davor, dass der Stationsarzt mit dem Befund vor mir stehen könnte und ich womöglich in der Situation auch noch alleine im Zimmer war. Vier Tage voller Angst vergingen. Vier Tage, an denen ich mit Antibiotika vollgepumpt wurde und bei jedem Mal, wo jemand die Türe öffnete, zu Tode erschrak. Ich war den fünften Tag in der Klinik, es war ein Freitagabend Ende November. Mein Vater war nach der Arbeit bei mir zu Besuch und nach einer Weile ging er, um sich bei einem Bäcker in der Nähe etwas zu essen zu holen. Meine Bettnachbarin verabschiedete sich ebenfalls und ging nach draußen, um zu rauchen.

In diesem Moment, in diesen zehn Minuten, in denen ich allein im Zimmer war, ging doch tatsächlich die Tür auf und der Arzt kam herein. Als hätte ich es die ganze Zeit geahnt. „Frau Wahl, wir haben nun den vorläufigen Befund aus dem K. Hospital und wir können aufatmen. Der Befund wurde uns eben gefaxt und ich wollte Ihnen das Wochenende erleichtern, weil ich weiß, wie schwer die momentane Unsicherheit für Sie ist. Das K. Hospital hat den Verdacht auf einen Tumor nicht bestätigt", sagte er und strahlte über beide Ohren. Ich wusste nicht, was ich denken sollte, war wahnsinnig aufgeregt und fragte völlig verwirrt: „Aber Sie konnten diesen Verdacht auch nicht ausschließen, verstehe ich das richtig?" Ich hatte mir in den letzten Wochen angewöhnt, alle noch so positiven Aussagen der Ärzte zu interpretieren und zu hinterfragen. So oft herumzudrehen, bis ich mir sicher sein konnte, dass sie nicht doch eine negative Nachricht übermitteln sollten. „Frau Wahl, es ist schon einmal gut, dass nicht schon der Vorbefund den Verdacht bestätigt. Ich wünsche Ihnen ein angenehmes Wochenende." Nun saß ich da. Mit einer Nachricht, die mich eigentlich aus allen Wolken hätte fallen lassen sollen, im positiven Sinne natürlich. Doch sie kam in meinem Kopf nicht an. Irgendwas weigerte sich, diese Nachricht so aufzunehmen, dass ich mich über sie hätte freuen können. Ich versuchte, meinen Vater zu erreichen, doch wie der Zufall es wollte, hatte er sein Handy in seiner Tasche vergessen, die neben meinem Krankenbett stand. Ich rief also meine Mutter an und wollte ihr erzählen, was der Arzt eben gesagt hatte. Doch als sie fragte, was genau er denn meinte, fiel mir nichts mehr ein. Ich konnte ihr nicht mehr sagen, was der Arzt, der mir zwei Minuten vorher noch gegenüberstand, gesagt hatte. Es war ein riesengroßes schwarzes Loch in meinem Gehirn, genau dort, wo diese Information hätte sein sollen. Ich konnte meiner Mutter nur erzählen, dass der Vorbefund unauffällig war. Sie wollte mehr wissen, doch dafür war ich zu aufgeregt. Ich war zu aufgeregt gewesen, als der Arzt es mit mir besprochen hatte. Ich war die ganze Woche zu aufgeregt gewesen. Bin viel zu schnell erschrocken, als es an der Tür klopfte, sogar dann, wenn nur die Putzfrau hereinkam. War schon morgens zu aufgeregt. War jeden Morgen um halb sechs wach, vor lauter Aufregung. Vor lauter Angst. Angst, die Ärzte könnten mir bei der Visite um halb acht erzählen, ich hätte Krebs. Deshalb konnte ich dem Arzt an diesem Abend nicht folgen, hatte nicht kapiert, was das Ergebnis bedeuten sollte. Ich war völlig durcheinander und als mein Vater nach einer gefühlten Ewigkeit vom Bäcker zurück war, hatte ich Tränen in den Augen und wusste nicht einmal, warum. Ich weinte einfach. Als er wissen wollte, was ich denn jetzt schon wieder hatte, konnte ich ihm nur sagen, dass der Arzt mit dem Vorbefund hier war. „Der Verdacht auf einen Tumor wurde nicht bestätigt", sagte ich. Aber an mehr konnte ich mich nicht erinnern. Nur dieser eine Satz schwirrte mir noch im Kopf herum. In Gedanken zerlegte ich ihn in einzelne Stücke, versuchte ihn zu interpretieren, um zu erfahren, was er bedeutete. Doch ich war zu aufgewühlt, um es alleine herauszubekommen. Es war nur ein einziger Satz, für einen Außenstehenden ein völlig normaler. Subjekt, Prädikat, Objekt. Nicht einmal ein Komma. Und doch war er an diesem

Freitagabend so schwer für mich zu verstehen. Mein Vater verließ das Zimmer, um noch einmal mit dem Arzt zu sprechen und kam gute zwanzig Minuten später wieder. Er wiederholte den Satz noch einmal, der mir solche Schwierigkeiten bereitete. Der Verdacht auf einen Tumor wurde nicht bestätigt.

Da war sie wieder, diese Denkblockade. Sobald ich diesen Satz hörte, zerlegte er sich vor meinem inneren Auge und es war mir, als zwang mich mein Unterbewusstsein dazu, diesen Satz ins Negative auszulegen. Aber ausschließen konnten sie ihn auch nicht? Wurde nur der Verdacht nicht bestätigt, oder wurde nicht bestätigt, dass es sich überhaupt um einen Tumor handelte? Aber wenn schon der Verdacht nicht bestätigt wurde, dann gab es doch gar keine Zweifel mehr, oder doch? Zu wie viel Prozent wurde der Verdacht nicht bestätigt? Nicht bestätigen heißt doch nicht gleich ausschließen. Und wenn doch, warum verwendeten sie dann das Wort „ausschließen" nicht? „Es ist schon einmal gut, dass der Vorbefund den Verdacht nicht sofort bestätigt", hatte der Arzt auch zu meinem Vater gesagt. Aber dann bedeutete das, dass vom Institut in der Schweiz doch noch die Bestätigung kommen konnte. Ich fragte meinen Vater ungefähr ein dutzend Mal dasselbe. „Sie konnten den Verdacht aber auch nicht ausschließen, oder?" In seinem Gesicht sah ich, wie er langsam zu verzweifeln begann. Ihn ärgerte, dass ich diese gute Nachricht, die mir eigentlich hätte das Wochenende versüßen sollen, wieder negativ auslegte. Dass ich alles zerlegen und hinterfragen musste. Dass ich nicht einmal eine Nachricht hinnehmen und mich mit ihr zufrieden geben konnte.

Ich machte in dieser Nacht ein Mal mehr kaum ein Auge zu und am darauffolgenden Tag besuchte mich meine Mutter mit meiner Tante. Ich war wieder völlig meiner Grübelei verfallen und meine Mutter bestand darauf, dass ich mich zum ersten Mal in der ganzen vergangenen

Woche aus dem Bett bewegte und mit ihr und meiner Tante nach draußen ging. Nein, nicht nur vor die Zimmertüre, sondern ganz nach draußen. Sieben Stockwerke sollte ich mit nach unten fahren, und mit meinen Krücken eine Runde an der frischen Luft drehen. Es stand drei gegen eins, meine Bettnachbarin war derselben Meinung. Kaum hatte ich mich versehen, stand ich zusammen mit ihnen und einem hübschen jungen Mann im Aufzug. Gut, dass eine Wand des Aufzuges komplett mit einem Spiegel versehen war, ich hätte sonst vergessen, wie scheiße ich aussah. Eine Woche hatte ich kaum etwas gegessen, war mit den Nerven total am Ende und das sah ich meinem Spiegelbild leider sofort an. Meine Haare hätten eine Wäsche bitternötig gehabt, und auch meine Gesichtsfarbe glich den sterilen, weißen Krankenhauswänden. Im Erdgeschoss angekommen, hielt der Aufzug ruckartig und mir wurde schwindelig, wie immer. Ich hasste es, Aufzug zu fahren, vor allem dann, wenn man vom siebten Stock ins Erdgeschoss wollte. Er fuhr nämlich nicht durch, sondern hielt auf jeder Station. Entweder, weil jemand mitfahren wollte, für den in diesem Miniaufzug von vornherein kein Platz gewesen wäre – wegen Überfüllung geschlossen – oder weil sich irgendjemand einen ultrakomischen Witz ausgedacht hatte und einmal alle Halteknöpfe auf einmal gedrückt hatte. Ich schwankte an meinen Krücken aus dem Aufzug in Richtung Ausgang. Die Ausgangstüre war keine normale Türe, es war eine Drehtüre. Ich humpelte hindurch und versuchte mich darauf zu konzentrieren, dass ich weder zu schnell noch zu langsam lief, denn sonst hielt dieses Scheißding plötzlich an und – bums – lief man entweder vorn gegen eine Glasscheibe oder bekam von hinten einen gediegenen Stoß in den Allerwertesten. Als wir draußen angekommen waren und ich mich auf die erstbeste Bank setzte, fragte mich meine Tante, in was ich mich denn zuvor wieder „hineingesteigert" hatte. Sie muss mir angesehen haben, dass ich mich mit dem Vorbefund nicht zufrieden geben konnte.

Sie wusste es, weil sie genau gleich war wie ich. Vielleicht war ich auch genau wie sie, ich weiß es nicht. Jedenfalls schenkten wir uns beide nicht viel und ich bezeichnete mich seit geraumer Zeit auch als Hypochonder. Wir diskutierten ziemlich lang darüber, was der Arzt am Tag zuvor zu mir gesagt hatte. Wie er es formuliert hatte und wie man es verstehen musste. Nicht, weil es uns einen Heidenspaß machte, alles zu interpretieren, sondern weil wir vermeiden wollten, uns über eine gute Nachricht zu freuen und hinterher doch wieder bitter enttäuscht zu werden. Wir kamen zu keinem wirklichen Entschluss. Es hätte mich auch gewundert, denn ich hatte mir in der vergangenen Nacht schon alle Möglichkeiten ausgemalt. Meine Mutter wirkte wesentlich lockerer als in den letzten Tagen. Es machte den Anschein, als hätte die Nachricht des Arztes zumindest sie etwas beruhigen können. Immerhin. Sie und meine Tante liefen ein Stückchen weiter weg, um zu rauchen. Leise begann ich wieder zu weinen. Meine Augen füllten sich blitzschnell mit Tränen und ich sah alles nur noch durch einen verschwommenen Schleier. Doch es war mir recht, ich wollte dieses ganze Elend und diese ganze Angst nicht mehr sehen. Ich schaute gerade aus, einfach nur gerade aus auf einen Park und versuchte, an nichts zu denken. Doch dann war es da. Etwas Gelbes erschien vor meinem Tränenschleier. Eine Straßenbahn. Und im selben Moment verschwanden die Tränen aus meinen Augen und ich dachte ernsthaft zum allerersten Mal in meinem Leben über eine Straßenbahn nach. Nun ja, weniger über die Straßenbahn als vielmehr daran, dass ich noch eine Möglichkeit hatte, dieser ganzen Angst ein Ende zu setzen. Ich saß da und dachte ernsthaft darüber nach, mich selbst umzubringen. Und es war seltsam beruhigend. Sollte doch herauskommen, dass ich Krebs hatte, dass ich einen Weg vor mir hatte, den ich womöglich nicht überleben würde, hätte ich immer noch die Möglichkeit, dieser ganzen Geschichte vorzeitig ein Ende zu setzen.

Meine Mutter und meine Tante waren fertig mit ihren Zigaretten und wir beschlossen, wieder nach oben zu gehen. Langsam, aber sicher humpelte ich wieder zurück in Richtung Eingang. Am liebsten wollte ich zu dieser Türe überhaupt nicht mehr hinein. Am liebsten wäre ich mit ihnen nach Hause gefahren, doch einmal mehr musste ich mich meiner Angst stellen. Ich hatte mich ja zumindest schon ein wenig an sie gewöhnt.

An einem Dienstag durfte ich nach Hause. Ich war über eine Woche in diesem schrecklichen Zimmer gelegen und die Ärzte hatten immer noch keinen endgültigen Befund. Sie versicherten mir aber, mich telefonisch über das Ergebnis aufzuklären. Voller Vorfreude packte ich an diesem Morgen meine sieben Sachen zusammen. Als ich im Bad war, schaute ich mich im Spiegel an. Ich hatte mich seit zwei Wochen das erste Mal wieder geschminkt, aber Gefallen fand ich nicht an meinem Spiegelbild. Meine braunen Augen waren noch kleiner als sonst, wahrscheinlich vom vielen Weinen. Ich war blass und meine Haare hatte ich seit einer Ewigkeit nicht mehr gewaschen. Früher war ich immer zufrieden mit meinem Aussehen, ich hatte Gefallen daran, mich hübsch zu machen. Zwei Stunden vor dem Spiegel zu stehen und neue Looks auszuprobieren. Aber nun war alles anders, mir war völlig egal, wie ich aussah. Das Einzige, was ich wollte, war, dass dieser Befund negativ war und ich endlich wieder leben konnte. Aufzuwachen, ohne vor der Realität zu erschrecken. Einzuschlafen, ohne die Angst, nicht mehr gesund aufzuwachen. Einen Tag zu leben, ohne die Angst, sterben zu müssen. Ich dachte mir in dem Moment, als ich mich in diesem Spiegel sah: „Gott sei Dank weiß ich heute noch nicht, was auf mich noch so alles zukommt." Ich ahnte, was mir bevorstand. Ich hatte es im Gefühl. Ich wusste es, seitdem mich damals diese blöde Sprechstundenhilfe geweckt hatte. Ich wusste es einfach.

Zu Hause hatte ich nun zwei Tage voller Ruhe. Nun ja, Ruhe konnte man es nicht nennen, ich wachte immer noch auf und erschrak und das Einschlafen war genauso schlimm. Da die Operation erst gut eine Woche her war, durfte ich nur an Krücken laufen, und da ich krankgeschrieben war, leider auch nicht wirklich raus. Es war ohnehin Anfang Dezember und schrecklich kalt. So verbrachte ich zwei Tage voller Denken und Grübeln zu Hause auf dem Sofa. Bis dann freitagmorgens, am 5. Dezember 2008 das Telefon klingelte. Ich hörte schon am Klingeln, dass es das Krankenhaus war, das anrief. Ich blieb in meinem Bett liegen. Ich wollte nichts hören und nichts sehen. Ich wollte nicht wissen, was der Arzt am Telefon zu sagen hatte, weil ich wusste, es würde nichts Gutes sein. Meine Mutter war gerade im Schlafzimmer, aber sie hatte das Telefon nicht ein Mal aus der Hand gelegt seit ich zu Hause war. Sie nahm den Hörer ab, und das Telefon hörte auf zu klingeln. Ich wusste, dass meine Mutter rangegangen war und ich wusste, dass es nun endgültig sein würde. Nachdem ich fünf Minuten regungslos dalag und überlegte, ob ich mir jetzt gleich etwas antun sollte oder erst nachdem ich die Diagnose schwarz auf weiß vor mir liegen hatte, stand ich auf und humpelte in das Schlafzimmer meiner Mutter. Sie war noch am Telefon, sprach aber nicht mehr mit dem Arzt, sondern mit meinem Vater. Er solle bitte heimkommen, die Klinik hätte angerufen, es sei etwas Bösartiges, sagte sie. Jetzt wusste ich es sicher. Als hätte ich es die ganzen letzten Wochen geahnt. Als hätte ich es gewusst. Seelenruhig setzte ich mich auf die Kante des Ehebettes und begann zu zittern. Ich zitterte wie Espenlaub. Aber ich blieb erschreckend ruhig, ich schrie nicht und ich weinte nicht. Ich saß nur da, zitterte und wünschte mir, dass dieser Moment eben nie geschehen wäre. Dass man die Zeit zurückdrehen könnte, dass alles anders gekommen wäre. Heute glaube ich, dass es im Gehirn so etwas wie eine Blockade gibt. Wenn es ihm zu viel wird, macht es einfach seine Schranke zu und man nimmt nichts mehr auf. Wenn etwas Schlimmes passiert und man unter Schock steht, ist das eine Art Schutzmechanismus. Man nimmt nur so viel auf, wie man verkraften kann und den Rest kapiert man gar nicht wirklich, weil man sonst wahrscheinlich schreiend auf dem Boden liegen oder sich kurzerhand aus dem Fenster stürzen würde. Ich brauchte eine Ewigkeit, bis ich es realisierte, bis ich wahrnahm, dass ich wirklich Krebs hatte. Ich rief als erstes bei dem Arzt an, der meiner Mutter diese Hiobsbotschaft übermittelt hatte. Herr Prof. Dr. W. der Knochenpapst, der Arzt, der mit dem Röntgenbild neben meinem Bett stand und mir versicherte, es wäre nichts Schlimmes. Ich könne beruhigt sein, hatte er damals gesagt. Und nun? Hatte er sich geirrt, dieser Knochenpapst. Erst ging seine Sekretärin ans Telefon, verband mich dann aber ohne Wenn und Aber mit Herrn Prof. Dr. W. Schon das machte mir Angst. Normal stellte die Sekretärin niemanden sofort durch, nicht, wenn es nicht was Dringendes war. Ich machte selbst eine Ausbildung zur Sekretärin und wusste, wie der Hase lief. Herr Prof. Dr. W. meldete sich und wusste sofort, wer ich war. Die erste Frage, die ich ihm stellte, war, ob ich nun sterben musste oder ob ich das Ganze überleben würde. Er könne mir auf diese Frage keine Antwort geben. Ich solle doch einfach nach dem Wochenende am Montagmorgen in die onkologische Ambulanz kommen, dort mache man dann ein paar Untersuchungen und anschließend könne man mir mehr sagen. Normal wären Knochentumore zu 80 % heilbar. Man bekäme erst eine gewisse Zeit lang Chemotherapie, dann würde der befallene Knochen operiert und dann bekäme man noch einmal Chemotherapie. Und das sollte auch für mich gelten? Nein, er sagte mir, dass er mir nicht sagen könne, ob mein Tumor heilbar war. Der Pathologe hätte in meinem Gewebe etwas gefunden, was ich nicht wirklich verstand. Die Begriffe, die er verwendete, sagten mir rein gar nichts, aber es schockierte mich noch viel mehr, dass ich zu allem Übel auch noch einen seltenen oder gar komischen Tumor hatte. Es wäre auch alles viel zu einfach gewesen, wenn einmal etwas normal gelaufen wäre. „Sie sind doch ein starkes, selbstbewusstes Mädchen, das schaffen Sie schon." Mit diesen Worten verabschiedete er sich und ließ mich mit meiner Angst alleine. An diesem Abend war ich zur Weihnachtsfeier mit meinen Kolleginnen eingeladen. Ich ging hin, Gott weiß, wie ich diesen Abend überstand. Sie wussten alle Bescheid und keiner sprach darüber. Das sollte für lange Zeit meine letzte Feier gewesen sein.

Wenn wir nicht ab und zu ins Stolpern kämen, würden wir an unserem Leben vorbeirennen.

Von Sonntag auf Montag schlief mein Freund bei mir, als moralische Unterstützung sozusagen. Es gab da nur ein Problem und zwar das, dass ich in dieser Nacht nicht schlief. Ich hatte panische Angst vor dem nächsten Tag. Mein Vater und ich fuhren um sechs Uhr in der Früh los nach Stuttgart. Ich hatte vor Angst wahnsinnige Bauchschmerzen und wusste nicht, woher ich die Kraft nehmen sollte, an diesem Morgen in der Onkologie auch wirklich zu erscheinen. Mein Vater und ich liefen durch den Krankenhauseingang, vorbei an diesem riesigen Schiff in der Eingangshalle, vorbei am Kiosk und vorbei an der Türe, die zur orthopädischen Ambulanz gehörte. Dann stand ich vor ihr, der Tür, die mich in eine völlig neue Welt führte. In eine Welt, in die ich nicht gehören wollte. Ich ging zum allerersten Mal in meinem Leben in die Ambulanz für krebskranke Kinder. Ich zitterte am ganzen Körper und wünschte mir, der Anruf drei Tage vorher wäre nie bei uns zu Hause eingegangen. Ich wünschte mir, man würde sich irren, ich würde gar nicht hierher gehören. Es war vollkommen unvorstellbar und irreal. Ich wünschte mir, wir wären nie hier gewesen, diese Orthopädin hätte nie zu mir gesagt, wir hätten ein riesiges Problem. Ich wünschte mir, das alles wäre nie passiert. Doch wir waren hier nun mal leider Gottes nicht bei „Wünsch dir was", sondern in der knallharten Realität. Kurz vorher, in der Eingangshalle, liefen überall Menschen an mir vorbei, mit gebrochenem Arm oder gebrochenem Bein. Wenn man bei mir doch auch alles nur mit einem Gips heilen könnte. Wenn doch alles nur halb so schlimm wäre.

Wenn meine Angst zu sterben doch nur unbegründet wäre. Doch dort standen wir nun, an der Türe, die uns direkt in die Onkologie führte. Direkt auf die Krebsstation. Die Tür, die ich immer gemieden hatte, vor der ich solch große Angst hatte. Nun sollte ich durch sie hindurchgehen und es fiel mir so verdammt schwer.

Ich meldete mich an und wurde gleich weitergeschickt auf die onkologische Station. Ich sollte mit dem Aufzug in den ersten Stock fahren, auf die Station K1. Ich wusste gar nicht, was um mich herum geschah, es ging alles so wahnsinnig schnell. Ich kam mir vor wie in einem schrecklichen Alptraum. Das konnte doch nicht real sein? Das war doch nicht mein Leben? Mein Leben, in dem ich immer alles im Griff und unter Kontrolle hatte? Mein Leben, in dem ich alles immer dreimal überprüfte, dass ja nichts schief gehen konnte. Doch es war mein Leben. Mein neues Leben. Mein Leben, in dem ich krank war. Ab heute begann ein neuer, grausamer und fürchterlicher Abschnitt. Völlig verwirrt fand ich mich inmitten glatzköpfiger Kinder und Menschen in weißen Kitteln wieder. Mir lief ein eiskalter Schauer den Rücken hinunter. Da stand ich nun, auf der Station K1. Ich zitterte und mein Körper samt meinen Krücken wackelte. Ich wollte weg aus diesem schrecklichen Krankenhaus, in dem ich nichts als schlechte Befunde bekam. Ich schaute mich um und wollte nur weinen, wollte wegrennen, doch daran hinderte mich mein frisch operierter Fuß. Am Empfang stand schon wieder eine Ärztin. Ich konnte sie langsam nicht mehr sehen, diese Menschen in hässlichen weißen Kitteln. Doch diese Frau lächelte mich an, sie hatte den Kopf voller Locken und sah fast aus wie ein Engel. Doch im Himmel war ich hier nicht, wobei mir in diesem Moment sogar das wohl noch lieber gewesen wäre. Als ich mit meinem Vater da völlig verloren auf dem Flur der Station stand, kam mir eine junge Frau mit Brille entgegen.

„Hallo Daniela, ich bin Susanne, ich bin heute für dich zuständig. In deinem Zimmer ist noch ein Kind, aber dein Bett steht schon drin, du darfst gern schon hineingehen." Zimmer? Bett? Ich sollte hier auch noch bleiben? Nun konnte ich meine Tränen nicht mehr halten. Zimmer 145 war mein Zimmer. Mühselig und völlig verwirrt machte ich mich mit meinem Vater auf den Weg dorthin, den langen Gang entlang. Wir kamen an drei Männern vorbei. Drei Ärzte. Wieder diese Weißkittel. „Du bist Daniela Wahl? Also, wir haben den Befund jetzt erhalten, es handelt sich eindeutig um etwas Bösartiges. Aber wir kommen nachher noch zu dir und erklären dir alles", warf mir einer der drei mitten auf dem kalten Krankenhausflur entgegen. Noch so ein Schlag ins Gesicht. Wahnsinnig feinfühlig waren sie hier alle.

In meinem Zimmer saß ein kleiner Junge mit seiner Mutter beim Frühstück. „Der sieht aber gesund aus", dachte ich, „hat ja schon wieder alle Haare, und einen gesunden Appetit." Als seine Mutter anschließend seine Sachen in ein anderes Zimmer räumte, erfuhr ich, dass der Junge isoliert wurde. Er hatte Leukämie. Ich war geschockt, zumal er doch so gesund aussah. Aber die Mutter war zuversichtlich, es gäbe ja gute Heilungschancen, meinte sie. Und wie ich später erfuhr, war seit 2002 kein Kind mehr an Leukämie gestorben. Die Heilungschancen liegen bei 95 Prozent. Wahnsinn.

Ich brauchte unbedingt frische Luft und wir meldeten uns für ein paar Minuten ab. Mein Vater rauchte wieder. Erst eine Zigarette zur Beruhigung und noch eine, um wieder die Kraft zu sammeln, die er brauchte, um mich zu beruhigen. Ich atmete einfach nur tief durch und weinte. Weinte, weil ich mein altes Leben wieder zurück haben wollte. Weil ich das alles nicht so akzeptieren wollte, wie es war. Ich hatte doch ganz andere Pläne, wollte doch meine Ausbildung zu Ende machen und mein Leben genießen. Stattdessen saß ich jetzt hier und musste um mein Leben kämpfen. Ich hatte panische Angst, dass ich das alles hier nicht überlebte.

Wieder zurück auf der Station stürmte uns ein kleiner Mann mit Brille entgegen. „Hallo Daniela, ich bin Herr B., Diplomsozialpädagoge. Ich würde gern kurz mit dir reden." Der kam wie gerufen, jemanden zum Reden brauchte ich jetzt ganz dringend. Er folgte mir auf mein Zimmer und hörte zu, was ich zu sagen hatte. Kaum hatte ich mich auf mein Bett gesetzt, klopfte es an der Tür. Ein junger Mann, etwa in meinem Alter, kam herein und fragte, ob er zuhören dürfe. Er mache hier ein Praktikum und wäre bei dem Gespräch gern dabei. Es war mir völlig egal, wer alles zuhörte. Das Einzige, was ich wollte, war wieder nach Hause. Ich konnte über Nacht nicht alleine hier bleiben. Ich hätte es einfach nicht geschafft. Ich begann zu weinen, während ich den Männern von dem Gefühlschaos erzählte, das in letzter Zeit bei mir herrschte. Von den Ängsten, den Operationen und der ganzen Achterbahnfahrt meiner Gefühle. Von den Hoffnungen, die mir die Ärzte gemacht hatten und von den Enttäuschungen, die sich anfühlten wie Schläge mitten ins Gesicht. Ich saß auf meinem Krankenhausbett, über dem noch die Plastikfolie lag. Sie raschelte laut, weil ich an meiner Jeans herumspielte, während ich den beiden meine Geschichte erzählte.

Das war schon immer so. Wenn ich über etwas redete, was mich bewegte, dann schaute ich den Menschen nie ins Gesicht. Ich versuchte meine Aufmerksamkeit auf etwas anderes zu lenken als auf meine Emotionen. Als Selbstschutz sozusagen, sonst hätte ich vor allem in diesem Moment wahrscheinlich einen Nervenzusammenbruch erlitten.

Der Sozialpädagoge konnte mir nicht garantieren, dass mich die Ärzte über Nacht wieder gehen ließen, aber er versprach mir, ein gutes Wort für mich einzulegen.

In dieser Woche standen unzählige Untersuchungen an. Als allererstes musste ich zum Röntgen. Sie röntgten zuallererst meine Lunge. Denn die Tumore, um die es sich bei mir handeln konnte, streuten als erstes und am schnellsten in die Lunge. Es handelte sich, laut dem Pathologen aus der Schweiz, entweder um ein Ewing-Sarkom oder um ein Neuroblastom. Das Neuroblastom konnten die Ärzte aber fast schon ausschließen. Trotzdem fehlte ihnen noch der endgültige Befund darüber, welcher der beiden Tumore sich in meiner großen Zehe breit machte. Zudem war noch nicht einmal sicher, ob der Tumor in meiner Zehe überhaupt der Primärtumor war, oder ob er nur als Metastase fungierte und der Haupttumor irgendwo anders in meinem Körper saß. Das Röntgen meiner Lunge war die gröbste Untersuchung, hatte also gar nicht so viel zu bedeuten. Den Befund bekam ich nicht gleich hinterher. Die Ärzte sammelten wohl erst alle Befunde, um sich ein Bild davon zu machen, in welchem Stadium ich mich befand. Diese Ungewissheit machte mich kaputt. Ich hing total in den Seilen und wollte eigentlich nur, dass diese Ungewissheit endlich ein Ende nahm. Es war gerade der erste Tag auf der onkologischen Station und ich war ein Häufchen Elend. Ich hatte mir nicht vorstellen können, dass ich irgendwann einmal allein über den Flur dieser Krebsstation laufen sollte, geschweige denn hier überhaupt zu schlafen oder zu essen. Weiter untersuchten sie mein Blut. Ich musste mir im vorigen Jahr fast zweiwöchig Blut abnehmen lassen. Wegen der Osteomyelitis und meiner Schmerzen musste man ständig meinen Entzündungswert kontrollieren. Aber noch nie hatten sie mir so viel Blut abgenommen wie an diesem Tag. Am Nachmittag kam Herr Dr. S. zu mir ins Zimmer und entschuldigte sich dafür, wie sie mich hier aufgenommen hatten, konnte aber absolut nicht nachvollziehen, warum ich über Nacht wieder nach Hause wollte. Es sei ein großer Tag für mich, behauptete er. Endlich geschehe etwas. Endlich wisse man, was man machen könne. Ich sollte mich lieber freuen, als Angst zu haben. Der war lustig. Ich sollte mich darüber freuen, dass ich nun wusste, dass ich Krebs hatte. Dass jetzt bis Ende der Woche ungefähr gefühlte zweihundert Untersuchungen anstanden, bei denen ich bis ins Detail erfahren würde, wie lange ich noch zu leben hatte. Als ich ihm dann aber nach einer viertelstündigen Diskussion erklärte, dass ich überhaupt nicht darauf vorbereitet war, hier übernachten zu müssen, da Dr. W. am Telefon nur von „ein paar Untersuchungen" gesprochen hatte, lenkte er ein und ließ mich über Nacht wieder nach Hause. Ich war also gegen achtzehn Uhr schon am zusammenpacken, als eine Krankenschwester hereinkam und mir erklärte, dass der Arzt vom MRT angerufen hätte und mich jetzt gern noch in die Röhre schieben wollte. Eigentlich wollte ich nichts anderes als nach Hause und gleichzeitig hatte ich solch wahnsinnige Angst vor dieser Untersuchung. Nun ja, viel mehr vor dem Befund. Ich saß um kurz vor halb sieben im Wartebereich des MRTs und musste irgendwelche Blätter ausfüllen, auf denen ich bestätigen musste, dass ich nicht schwanger war und auch nicht unter Einfluss von Drogen stand. Dann ging es los. Sie schoben mich mit dem Kopf zuerst in diese Röhre und machten Schichtaufnahmen von meinem Schädel. Um meinen Kopf herum war eine Art Käfig aus Plastik. Darin wurde ich festgeschnallt, weil ich mich keinen Millimeter bewegen durfte. Sie wollten also wissen, ob mein Tumor schon in den Kopf gestreut hatte oder ob ich da vielleicht schon den nächsten Tumor hatte. Eine Stunde lag ich mit dem Kopf voraus in dieser engen Röhre. Obwohl ich über einen Kopfhörer Radio hörte, war es wahnsinnig laut. Es hämmerte um mich herum, dass ich fast Panik bekam. Sie hatten mir vor der Untersuchung eine „Alarmpumpe" in die Hand gedrückt, diese sollte ich drücken, falls mir schlecht wurde oder ich Platzangst bekam. Ich musste mich wahrlich beherrschen, sonst hätte ich diese Pumpe mit voller Kraft zusammengequetscht. Die Untersuchung dauerte eine gute dreiviertel Stunde. Nun lag ich da, eine dreiviertel Stunde in einer engen Röhre und wusste, dass dabei herauskommen konnte, dass sich neben einem aggressiven Tumor im Fuß auch noch einer im Gehirn befand. Ich zählte die Lieder, die ich über die Kopfhörer hörte. Ich rechnete pro Lied circa 4 Minuten. Eine dreiviertel Stunde, hatten sie gesagt, dauere diese Untersuchung. Fünfundvierzig Minuten geteilt durch vier Minuten waren gute elf Lieder. So wusste ich in etwa, wie lang es noch dauerte und meine Rechnung ging auf. Nachdem ich elf Lieder lang in diesem engen Teil vor Angst kaum denken konnte, war es überstanden. Nun waren meine Beine dran. Dieselbe Prozedur. Eine weitere dreiviertel Stunde, dieses Mal mit den Beinen voraus. Weitere elf Lieder. Wieder diese Angst. Doch irgendwann war auch das vorüber und ich sollte draußen auf den Befund warten. Gute zehn Minuten wartete ich mit meinem Vater auf den Arzt und ich musste wahnsinnig dringend auf die Toilette. Es war bei mir normal, sobald ich mich aufregte, bekam ich Durchfall. Ich kniff schon den ganzen Tag lang meine Pobacken zusammen und das tat ich auch dieses Mal, mit Erfolg. Die Tür zum Ärztezimmer ging auf und der Arzt kam heraus, direkt auf uns zu. Er hatte zwei DIN-A4-Blätter in der Hand. Auf dem einen war mein Kopf abgebildet, auf dem anderen meine Beine. Ich begann wieder zu zittern und konnte meine Tränen nicht mehr halten. Ich hatte das Gefühl, ich wartete schon seit einer Ewigkeit auf diesen Befund und plötzlich ging alles ganz schnell. Er sah uns an und sagte, dass er nichts Ungewöhnliches gefunden hatte. In meinem Kopf und meinen Beinen wäre alles okay. Es war alles okay.

Kein Tumor im Kopf und keiner in den Beinen. Das war die erste gute Nachricht in den vergangenen zehn Wochen. Mit dieser Nachricht kamen wir abends um halb elf zu Hause an. Mein Freund schlief auch in dieser Nacht bei mir und ich war froh, dass ich nicht alleine war. Es ging mir richtig schlecht und mitten in der Nacht wachte ich auf und musste wieder wahnsinnig dringend auf die Toilette. Ich hatte Panik vor dem nächsten Tag und in dieser Nacht gelang mir das Pobackenzusammenkneifen nicht. Ich rannte in Richtung Toilette, was mir dank meines frisch operierten Fußes natürlich nicht gelang. Zusätzlich war ich so fertig mit den Nerven, dass mir einen Meter vor dem Klo alles in die Pyjamahose ging. Ich hatte Durchfall vor lauter Angst. Weinend zog ich meine Hose samt Unterwäsche aus und setzte mich auf den Boden. Da kauerte ich halbnackt vor unserer Badewanne. Nachts um halb drei und niemand bekam etwas davon mit. Niemand sah, wie meine Tränen kullerten und wie ich mit meinem nackten Po auf den Fliesen saß und mir wünschte, ich wäre schon ein halbes Jahr älter.

Es war die Nacht vom 8. auf den 9. Dezember 2008 und mein Leben lag in Scherben vor mir. Alles, über was ich mir im letzen halben Jahr Gedanken und Sorgen gemacht hatte, war in diesem Moment so klein, so nichtig. Rein gar nichts konnte mit meinem jetzigen Problem mithalten. Und das Schlimmste war, niemand konnte mir helfen. Niemand. Nicht mein Freund und nicht meine Eltern. Sie hätten mir gerne geholfen, aber keiner konnte es. Keiner nahm mir diese Last ab, die da auf meinen Schultern ruhte. Und sie machte nicht den Anschein, von dort zu verschwinden. Ich hatte so viele Pläne, ich wollte doch meine Ausbildung zu Ende machen. Ich wollte mit meinem Freund im Sommer ans Meer. Ich wollte nicht um mein Leben kämpfen, ich wollte es leben.

Ich zog mir einen frischen Slip an, wischte mir die Tränen aus dem Gesicht und kroch zurück ins Bett. Kuschelte mich an meinen Freund und zumindest für die nächsten drei Stunden fühlte ich mich ein bisschen geborgen. Seine Arme hielten mich fest und er ließ mich in dieser Nacht zum Glück nicht los.

Am nächsten Morgen ging der Alptraum weiter. Wir fuhren wieder um halb sieben nach Stuttgart und ich weinte schon, lange bevor mein Wecker klingelte. Mit Sack und Pack ging es los, denn ich musste die nächsten Tage im Krankenhaus bleiben. Noch einmal gelang es mir nicht, den Arzt der Station davon zu überzeugen, mich wieder nach Hause gehen zu lassen. Für diesen Tag stand noch einmal ein MRT an, gezielt nur von meinem Fuß. Das bedeutete also noch mal eine gute Stunde in dieser Röhre verharren zu müssen, da mir dieses Mal zusätzlich noch Kontrastmittel gespritzt wurde. Eine Stunde lang dröhnte mir also wieder ein Radiosender der Region die neuesten Lieder in meine Ohren und erzählte mir, auf welcher Autobahn es sich staute und wo überall Blitzer standen. Wie konnten diese Menschen in diesem Augenblick nur an Radar und an Stau denken? In diesem Moment, in dem es doch um mein Leben ging? Aber was mit mir gerade geschah interessierte den Moderator recht wenig. Es interessierte die Welt recht wenig. Es war nur für mich wahnsinnig wichtig. Für mich und meinen Vater, der Stunden vor diesem Zimmer warten musste und die Automatenkaffees wohl nicht mehr schmecken konnte. Als ich fertig war, kam der Arzt wieder mit einem DIN-A4-Blatt auf uns zu und sagte auch dieses Mal, dass er wieder nichts Ungewöhnliches finden konnte und dass der Zementblock in meiner Zehe das einzig Außergewöhnliche war. Der Tumor war also schon komplett entfernt. Die Orthopäden hatten gute Arbeit geleistet, auch wenn es unbewusst geschehen war. Ich hatte es jetzt schwarz auf weiß. Da war weder ein Tumor in meinem Fuß, noch in den Beinen und auch nicht im Kopf. Ich begann langsam wieder daran zu glauben, aus der ganzen Sache vielleicht doch irgendwann lebendig herauszukommen und vielleicht sollte ich das Ganze doch etwas ruhiger angehen. Doch in solchen Ausnahmesituationen fehlte es mir einfach an Gelassenheit und Vertrauen. Nachdem ich jetzt aber wusste, dass ich keinen Tumor mehr hatte, entspannte sich auch mein Gemüt wieder. Ich schaffte es tatsächlich, mich ein wenig zu beruhigen. Mein Vater und ich konnten kaum glauben, dass in meinem Körper scheinbar doch nichts mehr vom Krebs übrig war. Doch noch voller Freude über diese Nachricht holte uns die Realität schneller wieder ein, als wir Onkologie sagen konnten.

Auf der Station kam die Visite und bereitete mich gleich auf die nächste Untersuchung vor. Eine noch feinere als das MRT. Ich konnte nun also nicht durchatmen, weil ich laut MRT gesund war, sondern ich musste auf den Befund der nächsten, noch präziseren Untersuchung warten. Doch das war noch nicht alles. Herr Dr. S. erzählte uns, dass meine Röntgenaufnahmen der Lunge wohl nicht ganz in Ordnung zu sein schienen. An der Seite meiner Lunge hätten sie einen dunklen Fleck entdeckt. Womöglich eine Ablagerung des Tumors. Ich nahm nicht wirklich wahr, dass es sich hierbei um eine Metastase handeln konnte. Mein Gehirn schaltete sich irgendwann aus. Vermutlich um sich selbst zu schützen. Ich nahm die Information auf und legte sie ab. Irgendwo dort, wo meine Gefühle im Moment nicht hinkamen.

Am nächsten Tag, einem Mittwoch, machten wir uns auf den Weg zum PET. Dafür mussten wir in ein anderes Krankenhaus fahren. Ich musste innerhalb einer halben Stunde einen Liter einer Flüssigkeit trinken, die mit einer Zuckerlösung versetzt war. Es schmeckte widerlich, aber da musste ich durch. Nach dem ich die Flasche leer hatte, wurde ich aufgerufen und wieder stand ich vor einem monströsen Gerät, ähnlich der Röhre am Vortag. Eine geschlagene Stunde dauerte die Untersuchung. Mein kompletter Körper wurde durchleuchtet. Ich war aufgeregt, hatte wieder Angst vor dem Befund. Doch diesen erhielt ich erst abends. Es hieß also wieder warten und stark sein, eigentlich meine momentan leichteste Übung. Ich hatte mich seltsamerweise fast schon an dieses Warten und Bangen gewöhnt. Die Ärzte hatten geplant, mir am Tag darauf Knochenmark zu entnehmen. Gegen Nachmittag kam der Narkosearzt und besprach das ganze Vorgehen mit mir. Der Eingriff sollte unter einer oberflächlichen Narkose stattfinden und gute zwanzig Minuten dauern. Da ich im Jahr zuvor schon so häufig eine Narkose bekommen hatte, machte ich mir über Nebenwirkungen schon kaum mehr Gedanken. Die Ärzte wollten meine Zustimmung für diesen Eingriff und ich setzte meine Unterschrift auf diesen Doppelbogen. Ich war schon volljährig. Mein Vater an meiner Seite war nur noch Zeuge. Ich war voll für mich selbst verantwortlich. Genau jetzt, wo ich mir so gewünscht hätte, noch einmal klein zu sein. Die ganze Angst und meinen Verstand einfach abgeben zu können und alles mit mir geschehen lassen zu können, ohne einen einzigen Gedanken daran zu verschwenden. Aber auch dieser Wunsch blieb leider unerfüllt. Am Abend kam ein Arzt mit dem PET- Befund zu mir ins Zimmer und erklärte mir, dass sie auch bei dieser Untersuchung absolut nichts gefunden hätten. Keine Tumorablagerungen, nirgends im Körper. Keine Metastasen. Außer eben dieser eine Fleck in meiner Lunge. Doch da könne er mich nun auch beruhigen. Der Fleck hätte sich nämlich nicht mit der Zuckerlösung, die ich zuvor getrunken hatte, angereichert. Er hatte somit auf den Bildern nicht geleuchtet. Man könne nun davon ausgehen, dass es sich um nichts Bösartiges handelte. Es wäre wahrscheinlich nur eine harmlose Narbe einer Lungenentzündung. Das war das, was ich seit Wochen und Monaten hören wollte. Ein einfacher Satz: „Wir haben nichts gefunden."

Ich rief gleich darauf meine Mutter an und erzählte ihr, dass ich das alles hier wahrscheinlich doch überleben würde. Dass sie keine Metastasen gefunden hatten und dass alles wieder gut zu werden schien. Sie war noch aufgeregter als ich selbst und ich war heilfroh, dass mein Vater ein komplett anderes Nervenkostüm hatte als meine Mutter. Er war Gott sei Dank der ruhige Pol, der meine Mutter und mich regelmäßig auf den Boden der Tatsachen zurückholte.

Gegen Abend klingelte mein Telefon und mein Freund meldete sich. Unter der ganzen Anspannung und dieser riesengroßen Todesangst, die über meinem momentanen Leben hing wie eine Dunstglocke, hatte ich kaum Zeit, mit ihm über normale Dinge zu reden. Aber auch von seiner Seite kam immer weniger. Er rief nur regelmäßig abends für zehn Minuten an und wollte nachhaken, ob ich überhaupt noch lebte. Wie fürchterlich sich diese Redewendung anhörte, seit mein Leben wirklich in Gefahr war. Beängstigend.

Mein Freund kündigte sich für den nächsten Tag an. Es war ein Donnerstag und er wollte nach Schulschluss direkt zu mir ins Krankenhaus fahren. Das traf sich gut, denn für mich stand die Knochenmarkspunktion an und ich konnte seine Unterstützung wahrlich gebrauchen, zumal ich auf diese in den Tagen zuvor nicht wirklich zählen konnte. An diesem Donnerstagmorgen kam ein neues Kind zu mir aufs Zimmer. 14 Jahre alt, Knochenkrebs. Ich war schockiert, mit welcher Leichtigkeit die Mutter mir ihre Tochter vorstellte und mit welcher Gelassenheit sie das Wort „Knochenkrebs" in den Mund nahm. Das Mädchen kam zu ihrem letzten Chemoblock und war dann fertig mit der Therapie, die sich bei ihr über ein dreiviertel Jahr hinzog. Mein Vater kam an diesem Tag schon relativ bald, weil wir nicht genau wussten, für wann meine Narkose geplant war. Gegen frühen Nachmittag traf auch mein Freund ein und von da an ging alles ganz rasch. Ich wurde in ein anderes Zimmer gebracht, bekam ein leichtes Betäubungsmittel und verschlief glücklicherweise den ganzen Eingriff. Ich hatte überhaupt nichts gespürt und wurde langsam wieder wach, doch die Narkose warf mich leicht bis mittelschwer aus der Bahn. Ich konnte nur annähernd irgendwelche Umrisse erkennen, bis ich registrierte, dass mein Freund direkt neben mir am oberen Bettende saß. Ich sah alles doppelt und verschwommen und hörte jedes Geräusch, als hätte ich Watte in den Ohren. Ich versuchte ständig, mich hinzusetzen, doch es wollte nicht so recht klappen. Ich erkannte, dass mein Vater am Telefon war und sich laut unterhielt; nein, er unterhielt sich nicht, er diskutierte.

Mein Vater diskutierte normal nie. Vor allem nicht in diesem Tonfall und erst recht nicht, wenn andere Leute im Zimmer waren. Ich war zwar immer noch benommen von der Narkose und hatte das Gefühl, total betrunken zu sein, aber eins kapierte ich – und zwar, dass mit meinem Vater etwas nicht stimmte. Da fing mein Gedankenkarussell wieder an, sich zu drehen. Und das, obwohl mir von der Narkose eigentlich schon schwindelig genug war. Ich begann meinen Freund, der immer noch in aller Seelenruhe neben mir saß, jede Minute zu fragen, ob bei irgendwelchen Befunden etwas Schlimmes herausgekommen war. Er versicherte mir immer wieder aufs Neue, dass alles in bester Ordnung war und ich doch noch ein wenig schlafen sollte. Doch das sagte er so leicht, wie sollte ich schlafen, wenn sich neben mir etwas ereignete, wovon ich keine Ahnung hatte und in diesem Moment auch nicht die Auffassungsgabe dazu, es richtig zu deuten. Wie sich hinterher herausstellte, war mein Vater am Telefon so wütend, weil zwischen meiner Mutter und meinem Orthopäden ein äußerst seltsames Gespräch stattgefunden hatte. Meine Mutter rief bei mir im Krankenhaus an, um meinem Vater zu erzählen, dass sie mit meinem Orthopäden gesprochen hatte. Er hatte meiner Mutter wohl erklärt, dass es sich bei dem Tumor, den ich angeblich hatte, um einen äußerst aggressiven Tumor handelte und dass wir von Glück reden konnten, wenn ich das alles überlebte.

Als ich wieder alle meine Sinne beisammen hatte, verabschiedete sich mein Freund relativ schnell von mir, ihm war das wohl alles ein bisschen zu viel. Das Mädchen neben mir hatte sich während der Chemo, die gerade in sie hineinlief, einmal übergeben. Zum Abschied fand mein Freund für mich wieder einmal die passenden, einfühlsamen Worte: „Nimmst dir ein Beispiel an dem Mädchen, die zeigt dir, wie's geht. Die kotzt und lacht hinterher." Ich machte mir nicht wirklich Gedanken über die Art, mit der mein Freund in der letzten Zeit mit mir umging. Ich hatte vollstes Verständnis dafür, dass ihm die ganze Sache auch nicht leicht fiel und entschuldigte damit alles, was er sich leistete. Vielleicht auch ein wenig zu viel.

Am Abend kamen die Ärzte, um nach mir zu schauen und waren ganz verwundert, dass ich nach der Narkose doch schon wieder so fit war. Sie wollten die Knochenszinthigraphie für den nächsten Tag ankündigen und erzählten mir, dass sie die vorläufigen Befunde jetzt zusammen hätten. Sie hatten nun nur noch ein Problem und zwar die Tatsache, dass sich in meinem Körper nun kein Tumor mehr befand. Man hätte bei den Untersuchungen nichts mehr finden können, uns fehlte also auch die Bestätigung dafür, welcher der beiden Tumore es nun letztendlich war. Deshalb planten sie, mich noch einmal zu operieren. Gleich nach dem Wochenende. Sie hätten die Vermutung, dass sich an meinem großen Zeh, an dem man ja die Gelenke hatte stehen lassen, vielleicht noch ein winziges Stückchen Resttumor befand. Und dieses Stück hätten sie gerne, für eine weitere, hoffentlich letztendliche histologische Untersuchung. Mir war alles egal, ich hatte aufgegeben, mich gegen irgendetwas zu wehren, was die Ärzte verordnet hatten. Und ich hatte auch nicht mehr die Kraft dafür, über all das nachzudenken. Ich hatte nur noch eins im Sinn – die Knochenszintigrafie am nächsten Tag irgendwie zu überstehen und dann nach Hause zu fahren. Endlich.

Ich erschien freitagmorgens im K. Hospital zur Knochenszintigrafie. Ich lag wieder in einer Röhre und wurde mit dem Kopf voraus langsam herausgeschoben. Über der Röhre hing ein Bildschirm, auf dem der Körper abgebildet war. Zuvor bekam ich eine radioaktive Flüssigkeit gespritzt, die eine halbe Stunde einwirken musste. Dann konnte man auf dem Bildschirm beobachten, wie mein Körper von Kopf bis Fuß durchleuchtet wurde. Wenn dieser Apparat irgendwelche Tumorzellen in den Knochen fand, dann leuchten diese auf dem Bildschirm. Das hatte man mir erklärt. Ich hatte also gleich vor Augen, wie es um mich stand. Ich lag auf der Liege und mein Vater saß einige Meter hinter mir. Ich wurde Millimeter für Millimeter herausgefahren und nach ungefähr zehn Minuten war ich so weit aus der Röhre draußen, dass ich meinen Blick geradewegs auf den Bildschirm über mir richten konnte. Doch ich tat es nicht. Ich ließ meine Augen geschlossen, ich wollte überhaupt nichts mehr sehen. Ich wollte nur, dass dieser Alptraum endlich ein Ende nahm und ich nach Hause durfte. Doch so schnell ging es nicht. Ich hatte noch zehn Minuten auf der Liege zu warten, bis die Untersuchung zu Ende war. Zehn Minuten, in denen ich meine Augen geschlossen halten wollte, um nichts zu sehen, was mich noch mehr aus der Bahn geworfen hätte. Vorsichtig fragte ich meinen Vater, ob er mir sagen könnte, was er auf dem Bildschirm sah. „Nichts", sagte er und ich musste noch einmal fragen, um es ihm zu glauben. Langsam öffnete ich meine Augen und tatsächlich – außer dem Umriss meines Körpers war da nichts zu sehen. Nur meine Organe leuchteten und man hatte uns erklärt, dass das nichts zu bedeuten hätte. Ich war ein wenig beruhigt, starrte aber weiter gebannt auf diesen Monitor. Eine schreckliche Erfindung. Wer hatte diese bescheuerte Idee, mir diesen Monitor direkt über meinen Kopf zu hängen?! Als ich endlich komplett aus der Röhre draußen war, half mir die MTA von der Liege auf und lächelte mich an. Sie wusste, dass ich wahnsinnige Angst hatte und deshalb flüsterte sie mir zu, dass alles sehr gut aussah und ich mir keine Sorgen zu machen brauchte. Dafür hätte ich sie in diesem Moment knutschen können. Durch die letzte Zeit wusste ich jedoch, dass man sich leicht in Gefahr begibt, sich zu früh zu freuen. Umso härter war hinterher die Ernüchterung. Wir mussten eine Weile auf den ärztlichen Befund warten, aber die Zeit verging relativ schnell. Das lag wohl auch an der Tatsache, dass mich die MTA beruhigt hatte und ich mich nun darauf freute, an diesem Nachmittag noch nach Hause fahren zu dürfen. Der Arzt drückte uns die Unterlagen in die Hand und bestätigte noch einmal die freundlichen, erleichternden Worte seiner Assistentin. Es war also auch nichts in den Knochen. Es sah wirklich mehr und mehr danach aus, als dass ich doch noch einmal mit einem blauen Auge davon kam. Zurück im Krankenhaus nahm mir eine Schwester die Unterlagen ab und schickte mich in die orthopädische Ambulanz. Die Orthopäden wollten mit mir das Vorgehen der für die in der nächsten Woche geplanten OP besprechen. Nun saßen wir in dieser Ambulanz, in der drei Wochen zuvor dieser ganze Alptraum begonnen hatte. Aber ich war um einiges ruhiger als noch vor drei Wochen. Ich kann nicht mehr genau beschreiben, was mir in dieser halben Stunde Wartezeit durch den Kopf ging, ich weiß nur, dass ich in diesen 30 Minuten merkte, dass sich mein Leben grundlegend geändert hatte, dass in den letzten drei Wochen mehr passiert war als in meinem ganzen bisherigen Leben. Nachdem ich aufgerufen wurde und in das Besprechungszimmer kam, traf mich fast der Schlag. Eine ganze Herde von Weißkitteln hatte sich versammelt und es schien so, als hätten sie allesamt nur auf mich gewartet. „Setz dich ruhig", sagte ein Arzt zu mir und ich war stark am Überlegen, warum mir sein Gesicht so bekannt vorkam. Ich hatte die Ärzte schon im Hereinlaufen gemustert und stellte zu meiner Beruhigung fest, dass die unfreundliche Ärztin von vor drei Wochen nicht dabei war. Ich setzte mich auf den Stuhl, den sie mir in ihrer Mitte bereitgestellt hatten und nun standen fünf Ärzte vor mir. „Wir hätten ja nicht damit gerechnet, dass wir dich hier unter diesen Umständen wiedertreffen würden", sagte der Arzt mit dem mir so bekannten Gesicht. Plötzlich fiel es mir wie Schuppen von den Augen. Es war der Arzt, der mir kurz vor meiner OP erklärt hatte, dass ich mir keine Sorgen um meinen großen Zeh machen brauchte, dort unten hätte man ganz sicher keinen Tumor – oder zumindest so in der Art. Doch jetzt saßen wir hier, entgegen aller Erwartungen. Dieser Arzt versuchte mir nun zu erklären, dass sie sich ausgiebig über meine Operation unterhalten hatten und mir meinen Zementblock noch einmal komplett entfernen wollten. Dann hatten sie vor, noch ein Stück meines Gelenkes an der Stelle abzusägen, an der sich scheinbar noch ein Rest des Tumors befand. Anschließend würde wieder neuer Zement eingesetzt werden und alles wieder verpackt. Sie redeten davon, als würden sie ein Paket ausräumen, neu packen und wieder verschnüren. Aber ich war langsam immun gegen jegliche Art von ärztlichen Fachausdrücken und Formulierungen. Zum Abschluss stellte er mir noch einen jungen Arzt vor, der die Operation durchführen wollte. Ich ersparte mir die Frage, warum er die OP nicht wieder selbst durchführen wollte. Aus Angst vor... ja vor was eigentlich? Wahrscheinlich hatte ich einfach nur die Sorge, dieselbe unklare Antwort darauf zu bekommen, wie ich sie von Herr Dr. D. bekam, als ich ihn fragte, warum er mich in ein anderes Krankenhaus verlegen wollte. Und das, obwohl er doch Spezialist für meinen Fall war. Ich nahm alles hin, wie es die Ärzte mir erklärten, jeder Widerstand wäre ohnehin zwecklos gewesen. Eigentlich wollten sie mir ja alle nur helfen und das war die einzige Tatsache, die mich hier hielt, die mich nicht schreiend davon laufen und mich von der nächsten Brücke springen ließ, die Tatsache, dass eigentlich alle nur das Beste für mich wollten. Obwohl das Beste im Moment das Schlimmste war, was ich mir im Leben vorstellen hätte können.

Nach dem Gespräch bekam ich den Termin für die OP. Dienstagmittag, vierzehn Uhr. Montagmorgen sollte ich um 8 Uhr im K. Hospital sein, um noch einmal solch eine Knochenszintigrafie durchführen zu lassen. Dieses Mal aber nur, um auszuschließen, dass es sich bei meinem Tumor nicht doch um ein Neuroplastom handelte. Dann durfte ich endlich nach Hause.

Mit Sack und Pack ging es nun in Richtung Heimat und auf dem Heimweg über die Autobahn schossen mir tausend Gedanken durch den Kopf, bis sich auf einmal einer der Gedanke breit machte und nicht mehr verschwinden wollte. Konnte es jetzt also sein, dass die ganzen Untersuchungen nach diesem Ewingtumor positiv ausgefallen sind? Man hatte nichts gefunden, was auf irgendwelche Ablagerungen dieses Tumors hingedeutet hätte. Wenn die Ärzte nun aber am Montag bei der Untersuchung doch Ablagerungen fänden, die auf das Neuroplastom hindeuteten, dann waren die ganzen Untersuchungen der vorigen Woche umsonst. Die ganze Anspannung und Freude über jede überstandene

Untersuchung und über jede gute Nachricht würde zerplatzen wie eine Seifenblase. Es war also doch noch nicht alles überstanden. Ich musste noch einmal zittern und bangen. Aber ich wusste auch, dass die Ärzte fast alle der Meinung waren, dass es sich auf keinen Fall um solch ein Neuroplastom handeln könnte. Doch mein Vertrauen in die Ärzte war fast vollständig verschwunden. Sie hatten auch behauptet, dass sich in meinem Zeh kein Tumor befinden würde, bis sie die Bestätigung dafür hatten. Also glaubte ich nichts mehr ohne handfesten Beweis.

Zu Hause angekommen, fiel zum ersten Mal in dieser Woche eine riesige Last von meinen Schultern. Ich hatte zwar immer noch Angst vor der kommenden Woche, vor den Untersuchungen und der Operation, aber nun hatte ich erst einmal zwei Tage Zeit durchzuatmen. Am nächsten Tag, einem Samstag, nahm mich meine Mutter mit zum Einkaufen. Sie bestand darauf, dass ich mich einem Tapetenwechsel unterzog und nach dieser ganzen Tragödie zumindest für diesen Tag das normale Leben schnupperte. Wir schlenderten durch die Geschäfte. Als wir nach Hause kamen, saß meine Tante bei uns am Esstisch. Sie war meine Lieblingstante und der größte Hypochonder, der mir in meinem Leben je über den Weg gelaufen war. Sie war es, die jeden Tag anrief und fragte, ob ich schon ein Ergebnis hatte. Sie war es, die sich mehr Sorgen um mich machte, als ich es wahrscheinlich selbst tat und sie litt mit mir, als wäre sie selbst krank. Sie drückte mich so fest, wie sie mich noch nie gedrückt hatte und erzählte mir, dass sie eine Überraschung für mich hatte. Auf Überraschungen war ich überhaupt nicht scharf, zumindest in dieser Zeit nicht. Ich hatte in letzter Zeit schon genug Unerwartetes erlebt. Sie lief an ihr Auto und als sie wiederkam, hatte sie eine lange, dunkelbraune Perücke in der Hand. Ich wusste nicht, wie ich mich fühlen sollte, war hin und hergerissen. Ich hatte meine eigenen

Haare noch und mich mit diesem Thema bisher eigentlich noch kaum auseinandergesetzt. Ich hatte nicht die Zeit und nicht den Kopf dazu, mir darüber Gedanken zu machen, wie ich ohne Haare aussah. Doch unbewusst tat ich es schon, seitdem ich wusste, dass ich Krebs haben könnte. Unbewusst schaute ich ständig in den Spiegel uns stellte mir mein Gesicht ohne Haare vor, ohne Augenbrauen und ohne Wimpern. Doch so etwas kann man sich nicht vorstellen, nicht als Frau. Nach langem Überlegen zog ich mir die Perücke über meine langen, dunkelbraunen Haare. Die Perücke hatte dieselbe Farbe und dieselbe Länge wie meine echten Haare. Ich schaute in den Spiegel und mir standen die Tränen in den Augen. Ich hatte nicht vor zu weinen, nein. Eigentlich hatte ich nicht einmal vorgehabt, diese Perücke überhaupt aufzuprobieren. Doch da stand ich nun, schaute in den Spiegel und entgegen all meinen Erwartungen sah ich dort mich selbst. Ich sah mich, wie ich schon immer aussah. Kein Mädchen, das sich etwas auf den Kopf gesetzt hatte und gern wieder so aussehen würde wie vor einigen Wochen, sondern ich sah tatsächlich mich. Die Tränen kullerten mir nur so über meine Wangen, die vor Begeisterung glühten. Man sah keinen Unterschied, ich war ich selbst. An diesem Abend holte mich mein Freund ab. Da ich krankgeschrieben war, gingen wir nicht groß weg. Wir fuhren durch die Gegend und ich war das erste Mal seit einigen Wochen einigermaßen gut gelaunt. Ich redete den ganzen Abend von meiner Perücke und wie froh ich war, dass ich das alles vielleicht doch überlebte. Und von ihm kam endlich der Satz, den ich seit Wochen hören wollte: „Das schaffen wir schon zusammen. Und wegen mir brauchst du keine Perücke, ich nehme dich auch ohne Haare." Dieser Satz bedeutete mir so viel. Doch in diesem Moment konnte ich nicht ahnen, dass er eine Woche später schon absolut keine Bedeutung mehr haben würde. Aber zumindest an diesem Abend tat es gut, das zu hören. Das Wochenende verging viel zu schnell und ehe ich mich versah, saß ich montagmorgens schon wieder im K. Hospital in Stuttgart und wartete auf meine radioaktive Spritze. Ich kannte mich in diesem Krankenhaus aus, ich erschrak fast schon vor mir selbst, mit welcher Selbstverständlichkeit ich die Aufzüge und Gänge wechselte und genau wusste, wo ich hinmusste. Den ganzen Tag sollte ich hier verbringen, mein Vater war wieder treu an meiner Seite. Wenn ich in dieser schrecklichen Zeit auf jemanden zählen konnte, dann auf ihn. Er war immer da. Er hatte immer die richtigen Worte und das Wichtigste war, er wusste genau, wie er mich wieder auf den Boden der Tatsachen zurückholen konnte. Eine halbe Stunde musste die Spritze mit der radioaktiven Flüssigkeit wirken. Danach wurde die gleiche Untersuchung gemacht wie bereits am Freitag zuvor. Anschließend musste ich sechs Stunden warten, um diese Untersuchung noch einmal zu machen. Um drei Uhr sollten wir fertig sein und den Befund in den Händen haben, das hörte sich leichter an, als es war. Um neun Uhr war die erste Untersuchung vorbei und die zweite Untersuchung war auf 14 Uhr angesetzt. Fünf Stunden sollte ich nun also auf die nächste Untersuchung warten. Es waren gefühlte zwölf Stunden. Ich konnte in der Zeit weder essen noch trinken. Zum Mittag zwang mich mein Vater, zumindest ein paar Bissen von einem Croissant zu nehmen und ein paar Schlucke Cola. Als ich beides irgendwie hinuntergewürgt hatte, ging ich mit meinem Vater nach draußen. Er rauchte, ich schnappte frische Luft und weinte – wie immer. Meine Mutter rief ich überhaupt nicht erst an, weil ich genau wusste, dass sie sich noch viel größere Sorgen machte als mein Vater und ich zusammen. Auf dem Weg nach drinnen kam uns ein Mann entgegen, der meinen Vater und mich freundlich begrüßte. Da ich einmal wieder komplett in Gedanken versunken war, begriff ich erst nach einem längeren Augenblick, dass sich mein Vater und dieser

Mann scheinbar gut kannten. Er war groß, hatte eine Glatze und machte einen netten, sportlichen Eindruck. Er zeigte auf meinen modischen Vorfußentlastungsschuh, mit dem ich seit Oktober herumhumpelte und fragte mich: „Und du, hast dir deinen Fuß verbogen?" „Schön wär´s." gab ich zurück und lächelte mühsam. Fragend schaute er meinen Vater an und dieser erklärte ihm, dass man bei mir einen bösartigen Tumor gefunden hatte und dass wir gerade einen regelrechten Untersuchungsmarathon hinter uns hatten. Er schaute mich an und sagte: „Ich gebe dir einen Tipp. Hab keine Angst. Die Ärzte wissen schon genau, was sie tun, du darfst nur keine Angst haben, dann wird alles gut." Der hatte gut reden, dachte ich. Er reagierte so anders als alle anderen, die es erfuhren. Alle anderen, die von meiner Krankheit hörten, versuchten, mich zu umarmen, zu trösten, wenn sie nicht sogar selbst anfingen zu weinen, doch dieser Mann sagte mir nur, dass das alles schon wieder werden würde. „Zeig mir mal deine Faust", sagte er zu mir. Ich hob ihm meine abgemagerte Hand zu einer Faust geballt hin und er nahm sie in seine Hand. „So groß, nein, ein bisschen größer, war mein Tumor. Den hatte ich hier drin." Er deutete auf seinen Hinterkopf und mir wurde dabei ganz anders. „Sie haben ihn wegoperiert. Jetzt muss ich zur Nachkontrolle, weil sie auf den aktuellen Bildern wohl wieder irgendeine Veränderung gefunden haben, aber das wird schon. Also, Kopf hoch. Ich muss weiter, bin spät dran." Und weg war er. Ich war völlig perplex und wusste erst gar nicht so recht, was ich sagen sollte. Ich entschied mich dafür, erst einmal zu schweigen und lief meinem Vater hinterher ins Erdgeschoss. Es war nun halb eins und wir hatten noch eineinhalb Stunden, die wir irgendwie überstehen mussten. Neben der Tatsache, dass ich mich in Krankenhäusern wahnsinnig unwohl fühlte, kam auch noch dazu, dass ich schreckliche Angst vor dem Befund der nächsten Untersuchung hatte und ebenso riesigen Respekt vor der Operation, die für den nächsten Tag geplant war. Wir setzten uns in eine Sitzgruppe neben der PET-Abteilung, in der ich vorige Woche schon eine Untersuchung über mich ergehen lassen musste. Wieder wurde mir klar, wie viel ich in den letzten Wochen durchgestanden hatte. Was man nicht alles schaffte, wenn man keine andere Wahl hatte. Um ein Uhr hielt ich es vor Anspannung nicht mehr aus und rief meine Mutter an. In solchen Situationen konnte dann doch eher meine Mutter als mein Vater auf mich einreden. Sie beruhigte mich langsam, aber sicher wieder und irgendwie ging dann die letzte Stunde vorüber. Die Untersuchung lief genau gleich ab wie morgens. Nur die MTA war dieses Mal um einiges unfreundlicher als die vorherige. Ich war wieder total angespannt und hatte panische Angst davor, dass man vielleicht doch noch etwas finden könnte, dass die ganzen Untersuchungen der letzten Woche umsonst waren und der ganze Alptraum von vorn begann. Als alles vorbei war, saß ich auf dieser Liege und zog meinen schicken Behindertenschuh an. Eigentlich wartete ich auf den Befund, bis die MTA zu mir sagt ich könne jetzt gehen, den Befund würde sie dann ins Krankenhaus auf meine Station faxen. Ich schaute sie ungläubig an, zumal ein junger Mann hinter ihr stand, welchen ich für einen Arzt hielt und fragte, warum ich das Ergebnis nicht sofort haben könne. Sie drehte sich zu dem Herrn in Weiß um, sie wechselten einige Blicke und sofort merkte ich, wie es in meinem ganzen Körper zu kribbeln begann. Hatten sie vielleicht doch etwas gefunden? Hatten sich wieder einmal alle Ärzte geirrt? „Ich darf dir dazu nichts sagen", sagte die MTA. „Möchtest du den Befund sofort haben?" „Ja, ich bitte darum", antwortete ich ihr und sie wechselte wieder diesen komischen Blick mit dem Mann hinter ihr, der mir zwischenzeitlich immer komischer vorkam. „Dann muss ich aber erst den Chefarzt holen, der wird alles mit dir besprechen", sagte sie und schob mich vor sich her. Sie deutete auf das Wartezimmer und machte mir klar, dass ich dort solang auf den Arzt warten sollte. Da saß ich nun allein und wusste nicht, was um mich herum geschah. Mein Vater hatte von all dem nichts mitbekommen, er war nach draußen gegangen, um eine zu rauchen. Er hatte wohl auch damit gerechnet, dass jetzt nichts Großartiges mehr passieren konnte. Da war sie wieder, diese Angst, die Bestätigung dafür, dass alles außer Kontrolle geriet, wenn ich mir einmal nicht das Schlimmste ausmalte. Ich gab einmal das Zepter aus der Hand, versuchte einmal ein wenig positiv an das Ganze heranzugehen und schon fiel alles in sich zusammen. Ich hatte Angst, gerade jetzt enttäuscht zu werden, als ich mich das erste Mal dazu durchgerungen hatte, nicht immer schon vom Schlimmsten auszugehen, bevor ich überhaupt etwas wusste. „Wo ist sie?", hörte ich eine Männerstimme fragen und mir war klar, dass diese Stimme wohl dem Chefarzt gehörte, auf den ich wartete. „Im Wartezimmer sitzt sie", hörte ich die unsympathische MTA antworten und da stand er in der Tür, der Chefarzt, auf dessen Kommando hier scheinbar alles hörte. Was er sagte, war Gesetz und mir schlackerten die Knie, als er da vor mir stand und mich anstarrte. „Bist du etwa alleine?", fragte er mit skeptischem Unterton und ich rechnete schon wieder mit dem Allerschlimmsten. „Mein Vater… ah, da kommt er", antwortete ich und war heilfroh, dass mein Vater in diesem Moment um die Ecke bog. Er schaute mich fragend an und ich sah in seinen Augen, wie auch er langsam zu zweifeln begann. „Haben Sie etwa doch etwas gefunden? Ist es etwas Schlimmes?", fragte ich völlig panisch und zitterte wieder am ganzen Körper. „Jetzt kommen Sie erst einmal mit mir mit, Frau Wahl. Wir werden nach hinten in das Zimmer gehen, dort können Sie sich setzen und wir werden alles Weitere in Ruhe besprechen." Ich versuchte, diesen Satz zu überhören, doch er hallte in meinem Kopf wieder, wie ein Echo. Ich konnte keinen klaren Gedanken mehr fassen, für mich war an dieser Stelle klar, dass es sich jetzt nur noch um Minuten handeln konnte, bis die nächste Hiobsbotschaft ins Haus flatterte. Mein Vater und ich setzten uns in diesem Zimmer jeder auf einen Drehstuhl. Es war kein Sprechzimmer, es war kein normales Ärztezimmer. Überall standen PCs und es war überhaupt nicht gemütlich, überhaupt nicht so, wie man sich ein Zimmer vorstellte, in dem man gesagt bekam, dass man nicht mehr lange zu leben hatte. Obwohl ich mir bei genauerem Überlegen nicht einmal sicher war, wie solch ein Zimmer überhaupt auszusehen hatte. Zimmer, in denen solche Diagnosen überbracht werden, dürften überhaupt gar nicht erst gebaut werden, sie dürften überhaupt nicht existieren. „Nun also", begann der Chefarzt und ich wäre ihm am liebsten an die Gurgel gesprungen und hätte den ganzen Befund auf einmal aus ihm herausgequetscht. „Wir haben diese Untersuchung ja eigentlich nur gemacht, um auszuschließen, dass es sich um ein Neuroblastom handelt." Raus mit der Sprache, wir waren hier nicht in der Entscheidungsshow von „Deutschland sucht den Superstar" und es folgte jetzt mit Sicherheit auch keine Werbepause, um alles noch spannender zu gestalten. „Nun, wir haben also überhaupt nichts gefunden, was darauf hindeuten könnte, dass es sich um ein Neuroblastom handelt. Es ist alles in Ordnung und es ist eindeutig kein Neuroblastom." Wie wäre es jetzt mit einer Runde Applaus? Standing Ovations für die Nachricht mit der größten Spannungskurve in der Geschichte der Medizin? Ich verkniff mir jeglichen Kommentar und war einfach nur noch heilfroh, dass das ganze Warten und Bangen nun endgültig ein Ende hatte. Es folgte noch eine viertelstündige Erklärung darüber, wie diese neuartige Untersuchung der Neuroblastome funktionierte, doch mein Gehirn hatte komplett abgeschalten. Ich war überglücklich und wollte eigentlich nur noch meine Mutter anrufen und ihr diese positive Nachricht überbringen. Er erklärte mir noch, dass ich in diesem Krankenhaus wirklich in guten

Händen wäre und dass ich mir keine Sorgen machen sollte, dass mit Sicherheit alles wieder gut werden würde und endlich war dieses Gespräch zu Ende. Ich konnte kaum noch still sitzen, ich hätte an diesem Nachmittag am liebsten die ganze Welt umarmt. Als ich es meiner Mutter erzählte, begann sie am Telefon vor Freude zu weinen. Es war ja nicht nur die Tatsache, dass es sich nicht um das Neuroblastom handelte, sondern es war die Bestätigung dafür, dass alle Untersuchungen, die in der vorigen Woche durchgeführt wurden, wirklich galten. Ich hatte nun also ganz sicher keinen Tumor mehr. Weder in meinen Beinen, noch in meinem Gehirn oder sonstwo in meinem Körper. Ich würde das alles hier überstehen, ich würde es überleben.

Das Leben ist wie die Fotografie.
Das Negative brauchen wir
zum Entwickeln.

Am nächsten Tag sollte die Operation durchgeführt werden, also machten mein Vater und ich uns auf den Weg ins Krankenhaus. Dort angekommen, wusste die Station überhaupt nichts davon, dass ich stationär bleiben sollte, doch meine Hoffnung, über Nacht noch einmal nach Hause fahren zu dürfen, war umsonst. Ich bekam ein Bett in einem kleinen Zimmer neben einem fünfjährigen, ausländischen Mädchen, dessen Mutter ebenfalls über Nacht blieb und kein Wort deutsch sprach. Das kleine Mädchen sah sehr krank aus, konnte nicht laufen und schrie ungelogen jede Minute nach seiner Mutter. Es kratze an meinen ohnehin schon strapazierten Nerven und ich war froh, als das Mädchen irgendwann eingeschlafen war. Am nächsten Tag durfte sie nach Hause und damit konnte ich leben. Ich schlief in dieser Nacht unerwartet ruhig, was aber wahrscheinlich mit den Beruhigungsmitteln zusammenhing, die sie mir am Abend zuvor gegeben hatten. Mein Vater war am nächsten Morgen schon früh bei mir und die Operation fand, wie geplant, am frühen Nachmittag statt. Ich war kaum aufgeregt, als sie mich in den Operationsbereich schoben und bekam gerade noch mit, wie sie mir das Narkosemittel spritzten und schon war alles wieder vorbei. Am Mittwoch, einen Tag nach der Operation, kam mich meine Mutter zum ersten Mal auf der Station besuchen und mein Vater ging zum ersten Mal seit gut zwei Wochen wieder zur Arbeit. Die Schwestern bestanden darauf, dass ich endlich anfangen sollte, etwas zu essen. Ich ließ mich überreden und humpelte mit meiner Mutter in die Küche. Es gab gerade Mittagessen und ich warf einen Blick in alle Essensschüsseln, um vielleicht doch zumindest ein Gericht zu finden, auf das ich ein wenig Appetit hatte. Kaum hatte ich mich für etwas entschieden, stand Dr. S. hinter uns und schaute mich mit großen Augen an. „Gestern die Operation und heute stehst du schon wieder in der Küche? Narkosen machen dir auch überhaupt nichts aus, kann das sein?" Ich lächelte mühsam, dann kam er zur Sache. „Frau Wahl? Guten Tag, ich bin Herr Dr. S.", begrüßte er meine Mutter. „Hätten Sie und Ihr Mann heute Abend Zeit? Wir haben nun schon den Vorbefund aus der Pathologie unseres Hauses und es ist jetzt sicher, dass es sich um ein Ewing-Sarkom handelt. Ich würde den Therapieplan gern heute Abend mit Ihnen, Ihrem Mann und dir, Daniela, besprechen. Ich werde so gegen 18 Uhr auf Ihrem Zimmer sein, dann werden wir alles genauestens durchsprechen." Uns blieb nichts anderes übrig, als einzustimmen und auf den Abend zu warten. Ich war heilfroh, dass meine Mutter bei mir war, denn ich fühlte mich immer noch nicht so recht wohl unter den ganzen fremden Gesichtern hier auf der Station.

Gegen Abend kam mein Vater und wir warteten auf Herrn Dr. S. Pünktlich kam er zur Türe herein und nahm uns mit in ein separates Zimmer, das nun als Besprechungszimmer dienen und mich in Zukunft an das schrecklichste Gespräch meines bisherigen Lebens erinnern sollte. Wir setzten uns um einen kleinen Holztisch, meine Mutter links von mir, mein Vater rechts von mir. Herr Dr. S. saß uns allen gegenüber. Er hatte einen blauen Schnellhefter dabei, der aus ungefähr zwanzig eng bedruckten Seiten bestand. Dann begann er. Er schilderte, wie lang meine Therapie dauern würde und dass es schwer werden würde. Er erzählte uns, dass meine Krankheit tödlich ende, wenn man sie nicht behandelte und dass ich keinerlei Alternative hätte zu dieser Chemotherapie. Es würde ein schlimmes, hartes Jahr werden, betonte er immer wieder, aber es lohne sich. 80 Prozent aller Jugendlichen mit Knochentumoren würden geheilt werden, ich hätte sogar noch bessere Chancen, denn bei mir hätte der Tumor noch nicht gestreut. Dann begann er damit, wie die Therapie ablaufen würde. Fünf Tage Chemotherapie stationär, drei Wochen Regenerierung zu Hause. Hörte sich gar nicht schlimm an, doch so locker sollte es nicht werden. Er begann von den Nebenwirkungen zu erzählen. Dass ich meine Haare verlieren würde, war mir seit Wochen klar, doch dann kamen dazu noch Knochenschmerzen, Blutarmut, Lungenentzündungen, schwere Infektionen, Anfälligkeit für jegliche Art von Bakterien und Viren, Schäden an der Mundschleimhaut, Schmerzen, Fieber, und, und, und. Er hörte gar nicht mehr auf zu erzählen, was mir alles passieren könnte. Ich war schwer krank, dabei fühlte ich mich so gesund. Und dann sollte ich durch eine Therapie gesund werden, durch die ich mich erst todkrank fühlte, es war paradox. Dann ging es weiter, die Maßnahmen, die verhindern sollten, dass die schlimmsten Nebenwirkungen auftraten. Nach der Chemotherapie würde mein Blut schlecht werden, in der Zeit müsse man besonders aufpassen. Kein Obst, kein Gemüse, wegen der Keime und Bakterien. Kein offenes Eis, wegen der Salmonellen, keine Nüsse, weil diese Pilzsporen enthalten könnten. Keine Pflanzen, wegen der Bakterien in der Erde, kein Staub, kein Dreck, keine Baustellen, keine alten Gebäude. Keine alten Gebäude? Wir lebten in einem alten Bauernhaus und wir steckten gerade mitten im Umbau. Er hatte keine Antworten auf die Fragen, die in uns aufkamen. Er knallte uns nur die Fakten auf den Tisch. Es lag in unserer Macht, diese Anforderungen umzusetzen, aber wie? Und vor allem wann, wenn ich doch fast ein Pflegefall war und man sich ständig um mich kümmern musste? Doch dann kam eine Anforderung, die dem Fass den Boden herausschlug. Keine Haustiere. Diese zwei Worte drangen mir durch Mark und Bein. Ich schaute meine Mutter

an, schaute meinen Vater an und ich konnte meine Tränen nicht zu-
rückhalten. Was sollte mit unserem Hund passieren? Unser Hund lebte
seit über acht Jahren bei uns, er war ein vollwertiges Familienmitglied
und jetzt sollten wir ihn von heute auf morgen ausquartieren? Ich sah
meinen Vater an und sah die blanke Verzweiflung in seinem Gesicht.
Das machte die ganze Situation noch schlimmer. Der, der immer den
Kopf oben gehalten hatte, der immer guter Dinge war und mich immer aufbaute, geriet plötzlich ins Straucheln. Der, der mir mit Rat und
Tat zur Seite stand, wusste nun selbst nicht weiter. Ich bekam von dem
weiteren Gespräch nicht mehr viel mit, meine Gedanken kreisten die
ganze Zeit nur noch um unseren Hund. Diese Krankheit hatte schon so
viel in meinem Leben kaputt gemacht, jetzt sollte sie nicht auch noch
unsere Familie zerstören. Das Gespräch war irgendwann vorbei und
ich fühlte mich wie benebelt. Als ich wieder auf meinem Zimmer war,
war es schon fast 20 Uhr, meine Eltern waren – wie ich – völlig durch
den Wind und verabschiedeten sich rasch. Für den nächsten Tag war
eine Katheterimplantation geplant. Da auch dieser Eingriff wieder unter Vollnarkose geschehen sollte, musste ich erneut einen dieser altbe-
kannten Doppelbögen ausfüllen. Wieder einmal musste ich bestätigen,
dass ich weder alkoholisiert war noch unter Drogen stand – was die
ganze Sache hier jedoch mit Sicherheit um einiges angenehmer gemacht hätte. Wie in Trance kreuzte ich die Fragen an, die ich schon so
oft beantwortet hatte und als ich den Bogen der Narkoseärztin über-
reicht hatte, hatte ich endlich Zeit, für einen Augenblick durchzuatmen.
Ich griff zum Telefonhörer und rief meinen Freund an, um ihm davon
zu erzählen, dass wir unseren Hund hergeben mussten. Ich weinte
fürchterlich und ich bin mir nicht sicher, ob er überhaupt kapierte, um
was es ging. Ich war wahrhaftig am Zweifeln, ob es ihn überhaupt interessierte. Am nächsten Morgen wurde ich auf die Operation vorbereitet

und es war fast schon eine Art Routine eingekehrt. Alles ging wieder schnell und kaum hatte ich mich versehen, war der Eingriff auch schon wieder vorbei. Das war das Beste an den Operationen, dass man von dem hauptsächlichen Geschehen überhaupt nichts mitbekam. Man verschlief einfach alles, was schlimm war. Das hätte ich mir für das nächste Jahr gewünscht. Einfach alles zu verschlafen, was schlimm war. Aber solch ein Mittel war wohl leider noch nicht erfunden.

Nachdem ich meinen sogenannten Port eingepflanzt bekommen hatte, hatte ich den restlichen Tag Ruhe. Dieser Port lag unter meinem Schlüsselbein und war sozusagen ein zentraler Venenzugang. Über diesen Port hatten sie vor, mir das kommende Jahr lang die Chemo und auch sonst alles einzuflößen. Ich musste somit also nicht ständig an den Venen an meinen Armen angestochen werden und hatte hinterher dort keine unschönen Narben. Dafür hatte ich jetzt einen ungefähr vier Zentimeter langen Schnitt, der unter meinem BH-Träger verschwand. Aber damit konnte ich leben. Es war Donnerstagnachmittag und ich war schon wieder recht fit dafür, dass ich erst kurz vorher noch eine Vollnarkose wegen dieser Implantation hatte. Meine Mutter war an diesem Tag auch wieder bei mir und für den Nachmittag hatte sich, oh Wunder, mein Freund angekündigt. An diesem Nachmittag erfuhr ich, dass für den kommenden Tag meine erste Chemotherapie geplant war. Der 19. Dezember 2008 war also der Anfang des Endes meines bisherigen Lebens oder wie man es auch immer bezeichnen wollte. Bei mir im Zimmer war ein kleines Mädchen, sechs Jahre alt. Sie hatte Leukämie und ich war fasziniert von diesem Kind. Sie nahm das alles mit einer solchen Leichtigkeit hin, dass ich mir nichts sehnlicher wünschte, als auch noch einmal so jung zu sein. Doch ich war leider mehr als dreimal so alt wie dieses Mädchen und musste für mich alleine sorgen, soweit dies in meinem Fall machbar war. Mein Freund war mir an diesem Mittag ungewöhnlich fremd. Er verhielt sich anders, als ich es erwartet hätte und ich zweifelte langsam ernsthaft daran, dass er mit meiner jetzigen Situation wirklich so gut umgehen konnte, wie er immer behauptete. Er ging oft nach draußen, um eine zu rauchen und war völlig verwirrt, als meine Mutter ihm erzählte, dass wir nicht wussten, wie wir das zu Hause mit unserem Hund und der Baustelle regeln sollten. Er wirkte völlig abwesend, aber ich versuchte, mir darüber nicht auch noch einen Kopf zu machen. Er verabschiedete sich früh und ich hatte den Eindruck, er war sichtlich erleichtert, als er seine Jacke anziehen und einfach aus diesem schrecklichen Umfeld verschwinden konnte. Zum Abschied sagte er mir noch, ich solle mir ein Beispiel an dem Kind neben mir nehmen, endlich einen Gang zurückschalten und meine ängstliche Art ablegen. Das sagte gerade der Richtige. Doch wie gesagt, ich hatte nicht die Kraft und nicht die Energie, mir nach diesen schrecklichen Wochen einen Kopf über Beziehungsproblemchen zu machen. Es waren Problemchen, im Gegensatz zu den Problemen, die ich in den vergangenen Tagen hatte. Ich hatte eben gelernt, Prioritäten zu setzen, wenn auch nicht ganz freiwillig.

Nun war er gekommen, der Tag der ersten Chemo und ich war schon morgens nach dem Aufwachen ein psychisches und physisches Wrack. Meine Mutter war wieder sehr früh bei mir, wofür ich ihr wahnsinnig dankbar war. Alleine hätte ich diesen Tag wohl kaum überstanden. Auf ein Uhr hatten sie mir meine Chemo angekündigt und siehe da, wenn hier auch sonst nichts pünktlich geschah, auf die Chemo konnte man sich verlassen. Da kam sie nun, eine Schwester mit einem Arzt im Schlepptau. Mit blauen Handschuhen und irgendwelchen undefinierbaren Infusionen in der Hand. Mir war schon schlecht, als ich diesen Aufmarsch nur durch die Tür laufen sah. Zuerst bekam ich „Vin Christin". Diese Chemo sah am harmlosesten aus, hatte es aber gewaltig in sich. Eine 10-ml-Spritze, die mich aber eine Woche später noch plagen sollte. Gleich hinterher kam eine dreistündige Infusion „Ifo". Was „Ifo" bedeutete – keine Ahnung. Ich wollte auch nicht zu sehr darüber nachdenken, da ich mich sonst innerhalb der nächsten fünf Minuten übergeben hätte. Sobald mir die Ärzte diese Chemo angehängt hatten, verbreitete sich in meinem Mund ein widerlicher, chemischer, plastikähnlicher Geschmack, der bei mir im Handumdrehen einen Brechreiz auslöste. Die dritte Chemo hing zwei Stunden an mir und nannte sich „VP 16". Von dieser Chemo übergab ich mich auch des Öfteren und weil es sein konnte, dass man allergisch auf sie reagierte, hing ich die ganze Zeit über am Blutdruckmessgerät. Zu guter Letzt bekam ich noch über vier Stunden eine Infusion im Farbton Camparirot, welche mir aber erst nach meinem dritten Chemoblock durch eine Mukositis (eine, durch die Chemo ausgelöste Schleimhautentzündung im Mund- und Rachenraum) zum Verhängnis wurde. „Vin Christin", „Ifo", „VP 16", „Doxorubicin", genau in dieser Reihenfolge bekam ich diese Gifte drei Tage lang hintereinander über je neun Stunden verabreicht. Anschließend wurde ich zwei Tage lang „durchgespült". Sprich, alles was hineinlief, musste auch wieder hinaus. Alles was ich als Infusion verabreicht bekam, wurde mit dem addiert, was ich während der Zeit trank. Und alles Flüssige, was wieder aus mir herauskam, wurde in einem Messbecher gesammelt. Zwei Mal am Tag wurde Bilanz gezogen. Da aber alles giftige Zeug so schnell als möglich wieder herausgespült werden sollte, wurden mir am Tag noch zusätzliche vier Liter Infusion eingeflößt und somit rannte ich im 2-Stundentakt auf die Toilette, um zu pinkeln. Zu dieser Zeit gestaltete sich das ganze noch etwas komplizierter, da ich an Krücken ging. Wenn man begann, Flüssigkeit jeglicher Art einzulagern, bekam man „Lasix" gespritzt. Ehe man sich versah, musste man pinkeln und schied somit das angesammelte Wasser nach wenigen Minuten aus.

Während dieser ersten Chemotherapie wusste ich noch nicht, was an Nebenwirkungen auf mich zukommen würde. Ich saß auf meinem Bett und schaute zu, wie dieses Teufelszeug, das jeder nur mit Handschuhen anfasste, in mich hineinlief. Tropfen für Tropfen. Und bei jedem Tropfen wartete ich darauf, dass die erste Nebenwirkung einsetzte. Der erste Tag verging und außer Halsschmerzen verspürte ich, trotz ständigem Beobachten, nichts weiter. Der zweite Tag wurde dafür umso härter. Ich übergab mich drei Mal und hatte wahnsinnige Kopfschmerzen. Doch die Ärzte wollten mir kein Schmerzmittel geben, solange die Chemo lief. Sie warteten, bis die Chemo „durchgelaufen" war, um zu unterscheiden, ob die Kopfschmerzen durch diese ausgelöst wurden oder andere, völlig normale Gründe hatten. Nach einer gefühlten Ewigkeit war meine Chemo gegen 23 Uhr endlich durchgelaufen und ich bekam mein lang ersehntes Schmerzmittel. Der dritte Tag des ersten Chemoblockes verlief dann ohne größere Zwischenfälle. Ich spürte nur ein unangenehmes Ziehen in meinem Kiefer, das mir das Essen, was mir ohnehin dank der anhaltenden Übelkeit schon nicht leicht fiel, zusätzlich noch erschwerte. Am vierten und fünften Tag bekam ich keine Chemo mehr, sondern nur noch diese sogenannte „Spülung". Ich lief weiterhin wie bereits gewohnt alle zwei Stunden auf die Toilette und mein Kiefer schmerzte mehr und mehr, bis die Schmerzen am Abend des vierten Tages den Höhepunkt erreichten. Ich konnte weder reden noch essen, ich konnte nicht einmal sitzen. Mein Kiefer schmerzte und hämmerte, dass ich es ohne Coolpack nicht mehr aushielt. In dieser Nacht machte ich vor Schmerzen kein Auge zu. Ich war mittlerweile allein im Zimmer und lag direkt neben der Tür zur Toilette. Ich klingelte jede halbe Stunde und verlangte ein neues Coolpack, alle zwei Stunden humpelte ich an Krücken auf die Toilette. Das Einzige, was mir noch Mut machte, war die Tatsache, dass ich am nächsten Mittag nach Hause durfte. Ich wusste zwar nicht, wie ich diese brutalen Schmerzen zu Hause aushalten sollte, aber es war immerhin ein Lichtblick. Total fertig von der schlaflosen Nacht und diesen unerträglichen Schmerzen, war ich heilfroh, dass meine Mutter sich bereits schon für morgens angekündigt hatte. Es war ein Tag vor Heilig Abend und die Krankenschwestern erzählten mir, wie sie sich für mich freuten, dass ich Weihnachten zu Hause verbringen durfte. Meine Weihnachtsvorfreude hielt sich dagegen in Grenzen. Ich war einfach nur heilfroh, dass ich zumindest für ein paar Tage aus diesem sterilen Umfeld ausbrechen konnte. Gegen Mittag schoben sie ein Mädchen zu mir ins Zimmer und stellten uns kurz einander vor. Sie erzählte mir, sie sei 16 Jahre alt und ich sah sofort, dass sie ungefähr genau so am Anfang stand wie ich, denn sie hatte noch all ihre Haare. Wir erzählten uns kurz, warum wir hier waren. Das war hier irgendwie normal, soviel hatte ich schon gelernt. Keiner machte ein Geheimnis aus seiner Krankheit und als sie mit ihrer Geschichte fertig war, war ich völlig mitgenommen. Sie wusste wohl noch nicht genau, wie weit sich der Krebs schon ausgebreitet hatte, aber sie sah krank aus, so viel konnte ich erkennen. Anfangs überlegte ich mir noch, ob sie vielleicht nicht krank, sondern einfach nur durch den Wind war, eben genauso wie ich zwei Wochen zuvor, aber ich erfuhr, dass es doch eher ihre Krankheit war, welche ihr zu schaffen machte. Sie erzählte mit einer völligen Lockerheit davon, wie sie vor vier Tagen erfahren hatte, dass sie Krebs hätte und ihre Mutter war der Optimismus in Person. Sie war sich sicher, dass alles noch im Anfangsstadium war, dass sie mit Sicherheit nach ein paar Monaten Therapie wieder kerngesund wäre und genau das verwirrte mich. Doch ich hatte keine Zeit und keine Kraft, mich weiter mit ihrer Krankheitsgeschichte zu beschäftigen, ich hatte genug mit meinen Kieferschmerzen zu tun. Ich durfte jetzt erst einmal heim. Gegen Nachmittag traf mein Vater ein und nahm meine Mutter und endlich auch mich mit nach Hause, nach Hause in unser altes Bauernhaus. Wir hatten das Problem mit der Baustelle bei uns zu Hause so gelöst, dass ich mich während der Chemophase nur in den renovierten Räumen aufhalten durfte. Unser Hund blieb, Gott sei Dank, auch bei uns. Ihm musste ich während meiner Therapie aus dem Weg gehen.

Auf dem Weg nach Hause saß ich auf dem Beifahrersitz, da mir schon vor der Abfahrt schlecht war. Mein Vater wollte wohl vermeiden, dass ich den Medikamentencocktail, der sich in meinem Magen befand, auf den hinteren Sitzen verteilte. Ihn für mich zu behalten, gelang mir auf der Fahrt dann aber doch ganz gut. Als wir über die Autobahn fuhren sah ich mich im Seitenspiegel. Tränen kullerten über meine eingefallenen, vor Schmerzenden glühenden Wangen und ich war froh, als wir nach einer halben Stunde Fahrt zu Hause ankamen. Ich schaffte es geradeso zur Haustür herein und direkt in mein Bett. Ich verteilte meinen Magen-inhalt, der in der Tat ausschließlich aus Medikamenten bestand, einmal quer über den Fußboden und holte dann einen Teil des Schlafes nach, den ich in der vorherigen Nacht nicht gefunden hatte. Gegen Abend kam mein Freund vorbei und brachte mir etwas zu essen mit. Seine Eltern hatten es für mich auf die Seite getan und er meinte, er wolle es als Ritual einführen. Von nun an wollte er mir abends immer etwas zu essen vorbeibringen, um mich wieder aufzupäppeln. Anfangs glaubte ich ihm das noch, doch irgendwie wurde mir immer klarer, dass dieses Ritual wohl eher von seinen Eltern kam, als von ihm selbst. Ich merkte, dass zwischen uns etwas nicht mehr ganz stimmte, wir konnten nicht mehr miteinander reden. Wir redeten sonst immer viel und über alles, doch irgendwie schien alles anders geworden zu sein. Ich fragte ihn, ob er nicht einmal bei mir in der Klinik schlafen wollte, die Ärzte hatten es mir angeboten, es sei kein Problem. Doch von ihm kam nur die Antwort: „Ich glaub', du spinnst. Ich schlaf' doch nicht im Krankenhaus, wenn ich es nicht muss", doch ich war zu erschöpft, um zu kontern und vor allem, um mir Sorgen um unsere Beziehung zu machen. Auch am nächsten Abend kam er wieder nur kurz vorbei. Es war Heiligabend. Doch dieser Abend verlief auch nicht anders als der Abend zuvor. Er brachte mir das Weihnachtsessen, das seine Eltern für mich hingerichtet hatten und eine riesengroße Tüte voller Geschenke. Geschenke von seiner kompletten Verwandtschaft. Ich mochte seine Verwandtschaft und vor allem mochte ich seine Eltern. Ich kam wahnsinnig gut mit ihnen aus. Sie waren Italiener, und immer, wenn ich bei ihnen war, ging es mir gut. Diese Menschen strahlten eine solche Wärme und eine solche Lebensfreude aus, dass sie auf mich abfärbte, sobald ich mit ihnen an einem Tisch saß. Sie mochten mich, das hatten sie mir oft gesagt und das merkte ich jetzt an den Geschenken zu Weihnachten. Ich bekam Geschenke von seiner kleinen Schwester, von seinen Eltern, von seiner Tante und selbst von der Oma seiner Cousine. Ich war völlig sprachlos, doch am verwirrtesten war ich über sein Geschenk. Ich hatte nicht die Möglichkeit gehabt, ihm ein Geschenk zu besorgen, dafür war ich zu krank gewesen, doch ich schenkte ihm spontan den Schlüssel zu meiner Haustür. Damit er kommen und gehen konnte, wann er wollte; damit er merkte, wie wichtig er in meinem Leben war; damit er merkte, dass ich ihn brauchte; doch er übersah diesen Wink mit dem Betonpfeiler. Von ihm bekam ich ein Computerspiel. Ein einfaches, blödes, bedeutungsloses Computerspiel – damit ich etwas zu tun hatte, sagte er. Doch ich war so überwältigt von den restlichen Geschenken, dass ich mir über sein Geschenk an diesem Abend keine Gedanken mehr machte, vielleicht wollte ich mich gar nicht ernsthaft damit auseinandersetzen. Da stand er nun vor mir. Der Mann, mit dem ich die vergangenen Jahre verbracht hatte. Der alles über mich wusste und der angab, mich zu lieben. Da stand er und gab mir nicht einmal mehr einen Kuss zum Abschied, nicht einmal auf die Wange. Er hätte ein wenig Halsweh, war seine Begründung. Ehrlich gesagt, hatte er seit Anfang Dezember entweder Halsweh, Husten oder Schnupfen – angeblich. Dabei hatte ich ihn in den vergangenen Wochen kein einziges Mal niesen oder husten gehört. Ich weiß nicht, woran es lag, dass sie mir nicht schon früher aufgefallen war, diese Distanz zwischen uns, die immer größer wurde. Aber ich hatte eben Prioritäten gesetzt in den letzten Wochen. Und momentan hatte mein Leben Priorität.

Die kommenden Tage liefen ähnlich ab. Mir ging es nicht besonders gut, mein Kreislauf litt sehr unter den Nebenwirkungen der Chemotherapie und so kam der Tag vor Silvester und ich lag immer noch im Bett. Meine Temperatur begann zu steigen. Sobald ich Fieber bekam, sollte ich mich im Krankenhaus melden. Das tat ich, und die Schwester meinte, wenn die Temperatur weiter ansteigen würde, müsste ich stationär kommen. Ich rief also am Abend vor Silvester meinem Freund an und fragte, ob er den Jahreswechsel mit mir verbringen würde, wenn ich in der Klinik wäre. Doch dieser war auf dem Geburtstag eines Freundes und antwortete mir nur kurz und schmerzlos, dass er Silvester mit Sicherheit nicht im Krankenhaus verbringen wolle. In Italien gab es den Glauben, dass das neue Jahr genauso werde, wie man es am Silvesterabend verbrachte. Er machte mir deutlich, dass er im kommenden Jahr auf keinen Fall ins Krankenhaus wolle. Zum ersten Mal seit gut vier Wochen sagte ich ihm nun die Meinung. Ich machte ihm klar, dass er sich entscheiden solle, was ihm wichtiger war. Silvester mit seiner Freundin zu verbringen, mit der er bereits fast drei Jahre zusammen war, die ihn liebte und brauchte, oder lieber mit seinen Kumpels, die sich ohnehin nur die Birne zuschütteten. Seine Entscheidung war klar, er versuchte sich mit der Ausrede herauszureden, dass sein Vater ihm nicht erlauben würde, an Silvester Auto zu fahren, doch ich hatte ihm im letzten Monat schon genug geglaubt und für dumm verkaufen ließ ich mich nicht mehr.

Am nächsten Morgen wachte ich auf und als ich mir durch meine Haare fuhr, hatte ich ein riesiges Büschel in der Hand. Ich war darauf gefasst, dass sie mir bald ausgehen würden, doch als es dann soweit war, traf es mich trotzdem ganz schön hart. Mein erster Griff galt dem Telefon. Ich rief meinen Freund an und bat ihn zu kommen, um mir meine Haare abzuschneiden, ohne etwas von der Auseinandersetzung am Abend davor zu erwähnen. Es wunderte mich, dass er tatsächlich eine halbe Stunde später mit der Schere in der Hand neben mir im Bad stand und an meinen langen Haaren herumschnippelte. Er schnitt sie mir bis auf die Länge von zirka fünf Zentimetern ab und ich versuchte, meine Tränen zu unterdrücken. Ich liebte meine Haare, sie reichten mir fast bis an den Po und sie waren mein ganzer Stolz gewesen. Nach dieser schrecklichen letzten Zeit hatte ich aber sowieso kaum mehr die Kraft gehabt, mir meine Haare überhaupt regelmäßig zu waschen. Vielleicht war genau das der Grund, warum ich mir auch kaum mehr Gedanken darüber machte, dass ich meine Haare verlieren würde. Einfach, weil bei mir in den letzten zwei Monaten ein anderes Problem und eine andere, viel größere Angst Priorität hatte: die Angst zu sterben. Vielleicht war es bei mir die Tatsache, dass ich acht Wochen lang Zeit hatte, mich an den Gedanken zu gewöhnen, dass ich Krebs hatte und vielleicht sterben musste. Die anderen Mädels auf unserer Station bekamen zwar ebenfalls die Diagnose

„Krebs", wurden aber wahrscheinlich von ihrem Arzt, der ihnen diese Hiobsbotschaft überbrachte, noch im selben Atemzug darüber aufgeklärt, dass ihr Krebs heilbar war. Dass sie wieder gesund werden würden und dass der Kinderkrebs nicht mit dem Krebs zu vergleichen war, an dem alte Menschen starben. Zu mir sagten die Ärzte diese beruhigenden Worte erst, nach dem ich wochenlang um mein Leben bangen musste, abends mit dieser Angst ins Bett ging, von ihr träumte und am nächsten Morgen von diesen schrecklichen Gedanken auch wieder geweckt wurde. Vielleicht war es für mich deshalb nicht so schlimm, meine langen Haare zu verlieren und mit Narben von Operationen gekennzeichnet zu werden. Einfach, weil ich sie so deutlich gespürt habe, diese Todesangst. Und wenn nach der Zeit, die von solch einer Trauer und Furcht erfüllt war, ein Arzt zu einem sagte: „Frau Wahl, Ihr Tumor ist sehr gut behandelbar und auch sehr gut heilbar. Sie werden es überleben", dann wollte man nichts anderes, als diesem Arzt in die zu Arme springen, um ihn vor Freude zu erdrücken. Die Freude darüber, das ganze Elend hier überhaupt zu überleben, stand in dieser Zeit an allererster Stelle. Im Gegensatz zum Verlust meines Lebens war der Verlust meiner Haare nämlich geradezu nichtig. Doch zurück zu der Prozedur in unserem Badezimmer: Mein Freund schnitt mir meine Haare ab, völlig emotionslos. Er schnippelte sie einfach ab und als er sah, dass ich doch mit den Tränen kämpfte, meinte er, ich solle mich nicht so anstellen. Sie würden hinterher ja wieder wachsen. Es war nicht das, was ich mir gewünscht hatte, aber ich war trotz allem froh, dass er derjenige war, der sie mir abschnitt. Noch mehr hätte ich mir gewünscht, er hätte sich seine Haare ebenso abgeschnitten. Zumindest ein paar Millimeter. Rein symbolisch. Doch das war wohl alles zu viel verlangt, genau wie die Bitte, Silvester mit mir zu verbringen. Er brachte mir abends noch kurz das Abendessen, wieder mehr die Geste seiner Eltern als seine eigene und verabschiedete

sich mit einem Ultimatum. Ich sollte mir klar darüber werden, was ich an ihm hätte und ich sollte endlich aus meinem psychischen Loch herauskommen. Deshalb sollte ich mich jetzt die nächsten Tage nicht mehr bei ihm melden, er wollte nichts von mir hören, um mir zu zeigen, wie es wäre, wenn ich ihn nicht mehr hätte. Ich wusste nicht, was das sollte und hatte eigentlich immer noch damit zu kämpfen, dass mir durch die Chemotherapie jeder einzelne Knochen weh tat und ich ohnehin kaum stehen konnte. Mein Kiefer machte mir immer noch ziemliche Probleme und zu allem Überfluss hatte ich erst einige Minuten zuvor meine geliebten Haare verloren. Ich war also alles andere als darauf vorbereitet, von meinem Freund jetzt auch noch einen Schlag ins Gesicht zu bekommen, fast so, als hätte das alles nicht schon gereicht. In der Silvesternacht saß ich mit meinem Vater vor dem Fernseher und schaute mir den Countdown im Fernsehen an. Meine Mutter war bereits seit Stunden im Bett. Ihr war nicht nach Feiern zumute und ich hätte dasselbe tun sollen. Für mich gab es wahrhaftig keinen Grund, dieses neue Jahr zu feiern. Eigentlich gab es für mich nicht einmal mehr einen richtigen Grund, überhaupt am Leben zu bleiben. Alles hatte ich verloren, meine Ausbildung, meine Gesundheit, meine Lebensfreude und mein Lachen. Es war bestimmt ein viertel Jahr her, als ich das letzte Mal wirklich herzhaft gelacht hatte. Ja, sogar mein Freund war auf dem besten Weg, mich zu verlassen. Um 24 Uhr stand ich neben meinem Vater, am geschlossenen Fenster, weil draußen Raketen flogen und Böller krachten. Es hing eine dicke Wolke aus Rauch und verbranntem Schießpulver in der Luft und dieser Nebel hätte mich umgebracht, wäre ich nach draußen gegangen. Mein Blut war total kaputt, mich hätte wahrscheinlich sogar ein harmloser Schnupfen auf die Intensivstation gebracht. Wie sollte ich dieses neue Jahr nur überleben? Mir standen noch dreizehn Chemos, Bestrahlung und eine riesige Operation bevor. Und was hatte ich bis jetzt geschafft? Eine einzige Chemo, das war´s. Und die hatte mich schon zum Pflegefall gemacht. Meine Cousine und meine Oma waren draußen. Ich sah sie von meinem Fenster aus, winkte ihnen und begann zu weinen – wie so oft. Momentan verging kein Tag, an dem mir nicht mindestens einmal die Tränen in meine Augen stiegen. Ich konnte nicht mehr und am liebsten wäre ich davongelaufen. Am liebsten wäre ich einfach aus meinem Körper herausgestiegen und hätte ihn einfach liegen gelassen. Grässlich, diese Vorstellung aber wirklich bedauerlich, dass das nicht funktionierte.

Die Minuten vergingen und weder klingelte das Telefon noch bekam ich eine einzige SMS. Was hielt mich also noch am Leben? Wie sollte ich die kommende, schreckliche Zeit überstehen, wenn doch jetzt, ganz am Anfang der Therapie, schon alles in Scherben vor mir lag? Um 0.15 Uhr klingelte dann endlich das Telefon. Ich ging ran und es war mein kleiner Bruder. Er feierte mit seiner Freundin und wollte uns nur eben ein gutes neues Jahr wünschen. Von meinem Freund fehlte bisher jede Spur. Um viertel vor eins klingelte mein Handy. Ich ging ran und entgegen meiner Erwartungen war er es wirklich – mein Freund. Wenn man ihn überhaupt noch als meinen Freund bezeichnen konnte. Er wollte mir nur eben ein gutes neues Jahr wünschen, hätte es schon die ganze Zeit versucht, aber das Netz wäre überlastet gewesen. Außerdem hätten er und sein Kumpel um Mitternacht auf dem Weg zum Feuerwerk einen Unfall gehabt und es wäre alles ziemlich chaotisch gewesen. Was hatte er mir am Tag vorher noch voller Überzeugung klargemacht? „So wie die Silvesternacht wird, so wird auch das kommende Jahr." Glückwunsch, er hatte in dieser Neujahrsnacht einen Unfall. War das die Ironie des Schicksals?! Jedenfalls wollte er mir sagen, dass er mich liebte und dass wir das alles schon zusammen schaffen würden. Dass ich mich nicht melden sollte, hätte er nicht so gemeint, anrufen dürfe ich ihn in den nächsten Tagen natürlich schon. Tat ich aber nicht, Gott sei Dank. Ich bekam am Tag darauf Fieber und musste für Tage stationär in die Klinik. Am dritten Tag rasierte mir Schwester Rebekka meine Haare komplett ab. Es war schrecklich, mich ganz ohne Haare im Spiegel zu sehen, ich sah fürchterlich aus und lief die ersten Tage nur mit einem Tuch auf meiner Glatze herum. Rechtzeitig zum Wochenende durfte ich wieder nach Hause und ich wusste, dass für Samstag eine große Party bei uns in der Nähe angekündigt war. Mir war klar, dass ich dort nicht hin konnte, freute mich aber für meinen Freund, da er seit Monaten davon sprach. Am Tag danach hatten mich seine Eltern zum Mittagessen eingeladen und mir ging es zum ersten Mal nach den ganzen Strapazen der vergangenen Wochen wieder verhältnismäßig gut. Ich freute mich, seine Eltern und seine kleine Schwester wiederzusehen und ich freute mich auf das leckere Essen. Um dreizehn Uhr war ich eingeladen und ich war pünktlich. Alle waren pünktlich, nur mein Freund nicht. Er kam total zerknittert frisch aus dem Bett und erklärte mir, dass er erst morgens um neun Uhr nach Hause gekommen war. Ich verkniff mir die Frage, wo er gewesen war. Ich hätte so oder so keine wirkliche Antwort auf diese Frage bekommen. Er erzählte mir oberflächlich, wie die Party war und wer alles dabei gewesen war. Weiter fragte ich nicht nach, ich hatte Angst vor der Wahrheit.

Wir verbrachten den Nachmittag zusammen und in der Nacht schlief er bei mir. Für Montag war mein zweiter Chemoblock geplant und ich war froh, dass der Tag zuvor endlich einmal wieder richtig normal verlief. In der Nacht war alles genau wie früher, als unser Leben noch normal war, als alles noch gut war. Umso schwerer war es für mich, am nächsten Tag wieder zur Chemotherapie zu erscheinen. Völlig fertig mit den Nerven saß ich auf meinem Zimmer, die Augen rot vom vielen Weinen, abgemagert und total am Ende. Ich hatte erst eine Chemo hinter mir und hing schon total in den Seilen, wie sollte das nur weitergehen? Plötzlich ging die Türe auf und ein Mädchen kam herein. Sie steuerte das Bett neben mir an, das noch frei war und ich konnte kaum glauben was ich sah. Ein 16-jähriges Mädchen, topgestylt, geschminkt, lange, braune Haare, und eine hübsche Mütze auf dem Kopf. „Hey, ich bin Stefanie." begrüßte sie mich und warf ihre Perücke auf ihr Bett. Sie erzählte mir, dass sie nur eine Woche zu Hause war. Davor hatte sie schon 4 Chemos bekommen und lag fünf Wochen auf der Intensivstation, davon zehn Tage im Koma. Schwere Lungenentzündung und das volle Programm. Ich wurde immer kleiner und begann mich schlecht zu fühlen. Dieses Mädchen hatte schon mehr mitgemacht als ein normaler Mensch in seinem ganzen Leben und lief hier herein wie eine Eins. Und ich? Ich lag hier, total geplättet nach meiner ersten Chemo und konnte schon nicht mehr. Es war mir peinlich, dass ich mich so anstellte. In diesem Moment spürte ich regelrecht, wie sich in meinem Kopf ein Schalter umlegte. Halt. Es war kein Schalter. Es war eine ganze Schaltzentrale. Am selben Abend wurde mir klar, dass ich nach wie vor am Leben war. Nur eben mit Krebs. Ich bestellte mir am Tag darauf sogar unter Chemo im Internet noch eine Perücke. Ich wusste nun, wie ich dieses Jahr überleben konnte, nämlich, indem ich meine Krankheit akzeptierte. Ich musste sie akzeptieren, um sie durchstehen zu können. Erst wenn ich mich mit meiner Situation anfreunden konnte, hatte ich die Chance, dieses Jahr unbeschadet zu überstehen. Ich musste mich darum kümmern, wieder glücklich zu werden und nur, weil mir jetzt ein Stück vom Glück fehlte, konnte ich doch nicht mein ganzes Leben wegwerfen. Die glücklichen Menschen bekamen auch nicht immer von allem das Beste. Aber sie machten aus allem das Beste. Und genau das sollte mein Motto für dieses beschissene Jahr werden.

Wenigstens weiß ich jetzt, wer nicht mein Deckel ist.

Ich überstand diesen zweiten Chemoblock ganz gut. Mit meinem Freund war soweit alles in Ordnung. Er rief mich abends für eine halbe Stunde an und dumm wie ich war, rechnete ich es ihm hoch an, obwohl er eigentlich nicht wirklich was für mich tat. Nein, er hielt es nicht einmal für nötig, mich zu besuchen. Ich kotzte also allein vor mich hin und freute mich, wenn abends das Telefon klingelte. So vergingen die fünf Tage in der Klinik und freitags holte mich mein Vater ab. Ich war gegen Abend zu Hause und übergab mich nach dem Fahren erst einmal. Das hatte sich so eingespielt. Danach ging es mir wieder den Umständen entsprechend und ich konnte, dank Schmerztabletten gegen Knochenschmerzen in meinem pochenden Kiefer, etwas essen. Mein Freund hatte mir versprochen, mich zu besuchen, ich rechnete jedoch nicht damit, dass er gleich nach dem Arbeiten vorbeikam. Er schob wieder einmal seine dreckigen Klamotten als Grund vor, warum er mir nicht zu nahe kommen konnte. Wahnsinn, welche Signale man übersah, wenn es einem nicht gut ging. So verging das Wochenende und ich war mehr alleine als dass ich Gesellschaft hatte. Ich verbrachte die Tage auf dem Sofa, zusammen mit meinem Heizkissen, unzähligen Tabletten und dem Fieberthermometer. Sonntagabend erbarmte sich dann mein Freund doch noch ein letztes Mal und kam vorbei. Ich bekam weder einen Begrüßungskuss, noch schaute er mir in die Augen. Er saß zwei Stunden lang auf meinem Schreibtischstuhl im einen Eck meines Zimmers, ich saß 4 Meter weiter weg auf meiner Couch. An diesem Abend fiel es mir wie Schuppen von den Augen. Ich wusste, dass das mit uns keinen Wert mehr hatte. Ich stand auf und ging ins Bad, um ihm nicht zu zeigen, wie mir die

Tränen in die Augen stiegen. Ich weinte leise vor mich hin und versuchte, ihm meine roten Augen nicht zu zeigen, als ich wieder zurück ins Zimmer kam. Doch er kannte mich nun immerhin schon über drei Jahre und hatte über zweieinhalb Jahre jeden Tag mit mir verbracht. Er nahm mich auf seinen Schoß und umarmte mich dürftig. Ich stand rasch wieder auf, denn was ich jetzt am allerwenigsten brauchen konnte, war ein Mann, der mich aus Mitleid in den Arm nahm. Nach einer Weile stand er auf, zog sich an und umarmte mich zum Abschied noch einmal flüchtig. Es war wieder diese mitleidige Umarmung, und ich fragte ihn, ob ich ihm noch eine letzte Frage stellen durfte, bevor er ging. Er wollte nichts hören, sagte er, wisse ohnehin, was ich fragen wollte und zwar, ob das mit uns noch einmal etwas werden würde. Er wollte mir keine Antwort auf seine selbstgestellte Frage geben und ich musste mir wieder einmal verkneifen, laut loszuweinen. Ich erklärte ihm, dass ich eigentlich nur wissen wollte, ob ihm noch irgendetwas an mir gefiel, da bekam ich zur Antwort, dass ich doch noch „Titten und Muschi" hätte, da mache es doch nichts aus, dass mir „auf dem Kopf ein paar Haare fehlen". Heute könnte ich mich dafür ohrfeigen, dass ich ihm damals keine Ohrfeige verpasst hatte. Doch in diesem Moment konnte ich nichts anderes tun, als mich darauf zu konzentrieren, dass meine Tränen nicht in Strömen über meine Wangen flossen. Er ging mit dem Versprechen, mich abends noch anzurufen. Doch er tat es nicht. Stattdessen war ich einmal mehr so dumm und rief ihn an. Mein Handy sei ausgeschaltet gewesen, er hätte es des Öfteren probiert. Ich wusste, warum mein Handy nicht geklingelt hatte. Er hatte in sein neues Handy eine falsche Nummer eingespeichert. Eigentlich hätte er sich dafür schämen müssen. Er sagte mir, dass diese Beziehung zwischen uns so keinen Wert mehr hätte. Er wolle dieses Jahr der Therapie mit mir als Kumpel durchstehen. Als Kumpel. Wie sollte ich das schlimmste Jahr meines

Lebens durchstehen, wenn ich zusätzlich noch ständig mitbekam, wie mein Exfreund und jetziger Kumpel jedes Wochenende eine andere abschleppte? Wie sollte ich es ertragen, zu sehen, dass er diesen einfachen Weg ging, und es mir damit doppelt schwer machte? Das mit mir hätte sich für ihn alles nicht mehr richtig angefühlt, aber es hätte nichts mit meiner Krankheit zu tun. Es sei zwischen uns einfach nicht mehr so wie früher. Ich brachte keinen Ton mehr heraus, ich wusste nicht, was ich dazu sagen sollte. Ich solle mir jetzt aber bloß nichts antun, mit diesen Worten beendete er das Gespräch. Besser gesagt, ich beendete das Gespräch, weil ich es mir nicht mehr länger anhören konnte. Ich zitterte am ganzen Körper, konnte kaum noch stehen. Ich lief zu meinen Eltern ins Schlafzimmer, es war mitten in der Nacht von Sonntag auf Montag. Ich brachte vor lauter Schluchzen kaum ein vernünftiges Wort zustande. Ich erklärte meiner Mutter irgendwie, dass mein Freund Schluss gemacht hatte. Mein nächster Weg führte direkt ins Badezimmer vor die Toilette. Als hätte ich mich in der vergangenen Woche wegen der Chemotherapie nicht schon genug übergeben, umarmte ich nun auch noch mitten in der Nacht unsere Toilette. Da saß ich nun wieder einmal auf unseren kalten Fliesen und konnte nicht mehr aufhören zu weinen. Ich verstand die Welt nicht mehr. Wie konnte sich in so kurzer Zeit ein Leben so grundlegend ändern? Mein Vater las mich vom Boden auf, und weil ich nicht mehr stehen konnte, trug er mich in mein Bett. Aber wie sollte ich jetzt schlafen? Wie stellte er sich das vor? Ich hatte nun nichts mehr. Nichts mehr! Zuerst verlor ich meine Gesundheit, mein normales Leben, meine Haare und jetzt auch noch meinen Freund. Verzeihung, Exfreund. Und alles innerhalb eines Monats. Ich lag zehn Minuten da und starrte meine Decke an. Wie sollte ich so ganz allein das nächste Jahr nur überleben? Ich stand auf und packte alle Dinge, die mich an ihn erinnerten, in einen Karton, der da zufällig stand.

Ich hing Bilder ab, stopfte Stofftiere mit dem Kopf voraus in diesen hässlichen Karton. Zog meinen Schmuck aus, den er mir geschenkt hatte und kramte seine Klamotten aus meinem Schrank, sodass all meine Kleider auf den Boden fielen. Ich warf seine Jogginghose gegen die Wand und heulte Rotz und Wasser. Ich zerriss Fotos und löschte die Bilder auf meinem Laptop. Nichts sollte mich mehr an diese Zeit mit ihm erinnern. Doch es erinnerte einfach alles an ihn. Ob es mein Bett war, in dem er so oft neben mir eingeschlafen war oder ob es mein Schal war, der an meiner Garderobe hing, den er so oft anhatte. Mein ganzes Zimmer erinnerte mich an ihn. Ich wollte nur weglaufen, doch das erlaubten meine Blutwerte nicht. Ich war in meinen zwei Zimmern und in den Erinnerungen an ihn gefangen. Ich konnte nicht davonlaufen, konnte mich nicht ablenken. War eingesperrt mit ihm in meinem Kopf und er wollte da einfach nicht mehr heraus. Ich schrieb eine SMS – nein, nicht an ihn. Seine Nummer war die erste, die ich gelöscht hatte. Die SMS ging an meine ehemals beste Freundin. Die Freundin, mit der ich über ein halbes Jahr keinen Kontakt mehr hatte, aus irgendeinem doofen Streit heraus. Ein paar Tage zuvor hatte sie sich wieder bei mir gemeldet, hatte das mit meiner Krankheit mitbekommen und wollte für mich da sein. Und sie war für mich da, die ganze Nacht lang, war genau 753 Kilometer weit entfernt, aber in dieser Nacht war es, als säße sie neben mir und als hätten sich unsere Wege nie getrennt. Wir telefonierten bis in den frühen Morgen. Ich erzählte ihr alles und sie hörte einfach nur zu. Das war genau das, was ich in dieser Nacht brauchte. Als ich um halb fünf morgens auflegte, ging es mir zu meiner Überraschung gut, doch mir war klar, dass dieser Zustand nicht lang anhalten würde. Um fünf Uhr schaltete ich den Fernseher an und schaute die Nachrichten. Nicht weil mich interessierte, was in der Welt alles passierte, nein. Katastrophen und schlechte Neuigkeiten gab es in meinem eigenen

Leben momentan mehr als genug. Ich wollte nur einfach nicht alleine sein. Ich konnte in dieser hässlichen Einsamkeit nicht alleine sein und ich brauchte jemanden der zu mir redete, wenn es auch nur der Nachrichtensprecher war. So ging es die nächsten drei Nächte, ich machte kaum ein Auge zu. Bis sich in diesen Tagen alte Freunde bei mir meldeten. Freunde, die ich wegen meines Exfreundes vernachlässigt hatte. Freunde, die mein Exfreund nicht mochte, und deshalb der Kontakt zwischen ihnen und mir einschlief. Plötzlich war ich nicht mehr alleine. Das Gegenteil war der Fall, ich hatte ständig Besuch von Freundinnen, und mir ging es so viel besser als in der Zeit, als ich noch mit meinem Exfreund zusammen war.

Ich hatte Nathalie, einer damals guten Freundin, erzählt, was passiert war. Sie kannte meinen Exfreund und rief mich abends an. Sie wisse, warum mein Exfreund sich so komisch verhalten hatte. Er hätte eine neue Freundin. Schon seit längerer Zeit. Viele hatten ihn schon mit ihr gesehen, aber keiner wusste, dass ich so krank war. Jeder dachte, wir hätten uns aus normalen Gründen getrennt. Ich verstand die Welt nicht mehr. Das Einzige, was ich von ihm wollte, war, dass er mich einfach in den Arm nahm. Er sollte mir sagen, dass alles wieder gut werden würde. Ich wollte hören, dass er bei mir blieb, dass er den Kampf aufnahm. Er sollte mit mir kämpfen, gegen den Krebs und für die Liebe. Doch das Einzige, wogegen er ankämpfte, waren seine Gefühle, und das Traurigste an der Geschichte war, dass er den Kampf verlor, dass seine Angst ihn besiegte und er nur noch vor ihr flüchten konnte, direkt in die Arme eines anderen Mädchens. Eines gesunden Mädchens. In mir stieg eine unbändige Wut auf und ich rief ihn an, ein allerletztes Mal. Ich geigte ihm so richtig schön die Meinung. Es war vielleicht nicht gerade erwachsen, wie ich mich verhielt, aber durch das, was er in den vergangenen

Wochen abgezogen hatte, war dieser Anruf mehr als berechtigt. Ich sagte ihm alles, über was ich in den letzten Wochen geschwiegen hatte, weil ich ihn nicht damit belasten wollte. Das Einzige, wovor ich seit unserer Trennung noch Angst hatte, war, mitzubekommen, dass mein Exfreund eine neue Freundin hatte. Doch genau das war jetzt passiert, schneller als ich es erwartet hatte – und ich hatte es überlebt. Schlimmer konnte es jetzt nicht mehr kommen. Ich konnte mich nun endlich wieder um meine Gesundheit kümmern. Nur um meine Gesundheit, und dafür war es allerhöchste Zeit.

Meine Blutwerte wurden immer schlechter, eine ganz normale Nebenwirkung der Chemotherapie. Und ich bekam wieder einmal Fieber. Doch ich wollte nicht in die Klinik, versuchte, meine Temperatur irgendwie wieder herunterzudrücken. Es gelang mir nicht. An einem Samstagabend fuhr mich mein Vater dann in die Klinik. Ich war weiß wie eine Wand und konnte mich kaum mehr auf den Beinen halten. Hatte über 38° Fieber und mein Blut, wie sollte es anders sein, war völlig im Zelltief. Ich hatte noch gut 20.000 Thrombozyten (ein gesunder Mensch hat zwischen 150.000 und 300.000). Leukozyten die „Polizisten des Körpers" hatte ich noch 160 (ein gesunder Mensch hat zwischen 4.000 und 10.000). Ich hatte also überhaupt keine Abwehrkräfte mehr in meinem Blut und augenscheinlich machte sich in meinem Körper eine Infektion breit. Als ich in der Klinik ankam, kassierte ich einen riesigen Anschiss von Schwester Ingrid. So deutlich hatte mir noch nie jemand gesagt, dass es hier wirklich um mein Leben ging. Zehn Minuten lang musste ich mir anhören, was mit mir passieren könnte, wenn ich nicht auf alles achtete, was wichtig war. Dass sie schon Patienten wegen solch einem Verhalten verloren hatten und dass ich auch gleich auf die Intensivstation durchmarschieren könnte. Als ich diese Predigt, die ich wahrlich mehr als nötig hatte, endlich überstanden hatte, schickte sie mich ins Untersuchungszimmer. Dort sollte ich auf einen Arzt warten und dann an mein Infusomat angeschlossen werden. Kaum hatte ich Schwester Ingrid den Rücken zugekehrt, flossen meine Tränen in Strömen. Ich hatte ohnehin schon nah am Wasser gebaut, durch das, was mein Exfreund nur einige Tage zuvor abgezogen hatte. Und jetzt auch noch das. Ich hatte langsam wirklich das Gefühl, dass alles, was ich anpackte, einfach nicht gelingen wollte. Ich konnte gar nicht mehr aufhören zu weinen. Meine Tränen kullerten und kullerten. Schwester Ingrid stand plötzlich vor mir und fragte: „Du weinst jetzt aber nicht wirklich wegen mir, oder?" Ich antwortete ihr gar nicht und ihr wurde klar, dass sie sehr wohl der Grund für meine Tränen war. Vielleicht nicht die alleinige Ursache, aber sie trug einen erheblichen Teil dazu bei. Ich erzählte ihr von der Aktion meines Exfreundes, die gerade einmal vier Tage zurück lag. Und siehe da, sie verstand mich voll und ganz. „Vergiss ihn, du willst mir doch jetzt nicht ernsthaft erzählen, dass diese Arschmade deine große Liebe war? Auf solche Männer kannst du verzichten. Aber ich verstehe dich, du hast gerade deine Haare verloren, siehst scheiße aus, weil du klapperdürr bist und jetzt lässt dich auch noch dieser Vollidiot im Stich. Aber glaub mir, er gehört zu der Art von Mann, die dich sitzen lässt, wenn du schwanger bist. Also sei froh, dass du diesen Volldeppen los bist. Wie alt soll er sein? 20? Im Kopf kann dieser Mann nicht viel haben. Sah er denn wenigstens gut aus? Er war bestimmt kein Model. Wenn er eins wäre, dann würde ich dich verstehen, aber das war ja nicht der Fall. Vergiss ihn. Hast du ein Bild von ihm? Bring mir eins mit, und sollte er mir in Stuttgart zufällig entgegenkommen, dann zentrier ich ihm eine, das kann ja wohl nicht wahr sein!" Siehe da, meine Tränen wurden weniger und ich brachte sogar ein kleines Lächeln auf die Lippen. Das war genau das, was ich in diesem Moment brauchte. Jemanden, der mir klar machte, dass ich gut und gerne auf diesen Mann verzichten konnte, dass ich niemals vergessen durfte, dass ich keinen Idioten brauchte, der mich scheinbar nicht nötig hatte. Doch es tat trotzdem weh und das würde sich wohl auch nicht innerhalb der nächsten paar Tage oder Wochen ändern. Sie brachte mich auf mein Zimmer, das ich mit einem vierzehjährigen, leukämiekranken Mädchen teilen sollte. Ich hatte starkes Fieber und fühlte mich absolut nicht gut. Am nächsten Morgen ging es mir nicht wirklich besser, weil kein fiebersenkendes Mittel wirklich helfen wollte. So verlegten sie mich in ein Einzelzimmer, damit ich niemanden anstecken konnte. Es war mir nicht unrecht, denn nun hatte ich meine Ruhe. Mein Vater kam wie immer abends zu Besuch und ich hatte wahnsinnigen Schüttelfrost. Mein ganzes Krankenbett wackelte und immer noch wollte kein Medikament gegen das Fieber helfen. Ich war an diesem Abend fix und alle und schlief ziemlich früh ein. Morgens um fünf Uhr weckten mich drei Kranken-schwestern, die aufgeregt um mein Bett herumtänzelten. Ich wollte eigentlich nichts anderes, als weiterzuschlafen. Pustekuchen. Sie maßen meinen Blutdruck im Zweiminutentakt und wurden bei jedem Messen aufgeregter. Ich war hundemüde und verstand absolut nicht, warum sie solch einen Aufstand machten, bis eine Schwester hinauslief und wenige Minuten später mit einem Arzt zurückkam. Dieser erklärte mir, dass er mich gern auf die Intensivstation legen wollte, da ich kaum noch Blut-druck hätte. Daher wehte der Wind, meine Blutwerte waren so schlecht, dass sich nun auch noch mein Blutdruck verabschiedete. Ich konnte noch schnell meiner Mutter anrufen und ihr erklären, dass sie mich heute auf der Intensivstation besuchen musste und schon ging es los. Sie scho-ben mich vor sich her und da war sie nun, diese Intensivstation. Überall Fenster, damit man die Kranken beobachten und schnellstmöglich re-agieren konnte, wenn sich ihr Zustand verschlechterte. Ich bekam ein Zimmer am Ende des Ganges, und auch hier waren wahnsinnig viele

Fenster. Wie sich später herausstellte, versammelten sich in dem Zimmer hinter diesen Fenstern die Ärzte immer zu Besprechungen. Nun lag ich also da, angeschlossen an sämtliche Geräte, und ständig piepste eines. Eine ältere, sehr nette Schwester war für mich zuständig und schaute jede fünf Minuten nach mir. Mein Blutdruck hatte sich, nachdem ich Fremdblut bekommen hatte, wieder einigermaßen stabilisiert, und somit ging es mir auch besser. Solange, bis ich heftigen Durchfall bekam. Ich war, wegen der vielen Schläuche, die zu sämtlichen Geräten gehörten, an mein Bett gebunden. Ich konnte mich also allerhöchstens in einem Radius von einem Meter um mein Bett herum bewegen. Nun musste ich dringend auf die Toilette. Die Schwester brachte mir daraufhin den Klostuhl. Dieser Klostuhl sah genau so aus, wie man ihn sich vorstellte. Ein hässlicher Stuhl, mit einem großen Loch in der Sitzfläche. In diesem Loch hing eine Schüssel und darauf durfte ich mein Geschäft verrichten. Ich hatte mich schon daran gewöhnt, dass man als Krebskranke keinerlei Intimsphäre mehr hatte, doch das ging selbst mir zu weit. Ich saß neben meinem Bett und hatte Dünnschiss. Fünf Meter vor mir war die Tür, in der sich – wie hätte es anders sein können – ein großes Fenster befand. Ich hatte also immer im Blick, wer an meiner Türe vorbeilief. Und diejenigen, die dort vorbeiliefen, hatten im Blick, wie ich auf dem Klostuhl saß und … nun ja. Die ersten paar Male ging es gut, niemanden interessierte wirklich, dass ich dort saß und mitten im Raum mein Geschäft verrichtete. Sie waren diesen Anblick hier scheinbar gewohnt. Doch als ich diesen hässlichen, alten Klostuhl nun das gefühlte hundertste Mal benutzte, schaute ich auf die Wand links neben mir, in der sich vier riesige Fenster befanden. Hinter diesen Fenstern versammelte sich eine ganze Horde von Weißkitteln, mit dem Gesicht in meine Richtung. Ich versuchte, nicht darüber nachzudenken, dass mir ein ganzes Rudel Ärzte momentan dabei zuschaute, wie ich mein Geschäft verrichtete. Da ging plötzlich die Zimmertür auf und die Putzfrau kam herein. Sie schrubbte locker vor sich her, bis ich sie darauf hinwies, dass ich momentan auf dem Klostuhl saß und nicht gern unter Aufsicht kackte, mir reichten schon die acht Ärzte hinter dem Fenster. Sie nickte und meinte, dass sie in ein paar Minuten wiederkäme, Gott sei dank. Immerhin ein Zuschauer weniger.

Ich verbrachte glücklicherweise nur eine Nacht auf der Intensivstation und durfte am Tag darauf wieder zurück auf die normale Station.

Ich bekam über fünf Tage Antibiotika verabreicht und durfte vor dem Wochenende nach Hause. Nathalie holte mich ab und wir fuhren auf direktem Weg zu McDonalds. So lief es immer ab. Im Krankenhaus brachte ich keinen Bissen hinunter, aber sobald ich im Auto saß, bekam ich einen Bärenhunger. Als wir über die Autobahn fuhren, kam auf die Spur neben uns ein junger Mann in seinem BMW. Es war Samuel. Ich kannte ihn aus Erzählungen von Freunden und hatte seit einiger Zeit über das Internet Kontakt zu ihm. Er war groß, schlank und gutaussehend. Und er interessierte sich für mich, obwohl ich weder Haare noch Oberweite und erst recht keinen Hintern mehr hatte. Kurz gesagt, ich konnte mich selbst nicht einmal mehr im Spiegel anschauen, weil ich mir einfach nur hässlich vorkam. Und dann war da einer, der wusste, wie krank ich war, der wusste, dass ich nicht einmal mehr Haare auf dem Kopf hatte und wie gekränkt mein Selbstbewusstsein war. Trotzdem interessierte er sich für mich. Am Abend kam mich dann eine Freundin mit ihrem Freund besuchen. Im Schlepptau hatten sie tatsächlich Samuel. Ich sah ihn und war hin und weg. Er war einfach perfekt. Vielleicht ein bisschen zu perfekt. Er war nett, zuvorkommend, hübsch, einfühlsam. Er konnte zuhören und gab mir das Gefühl, doch noch etwas wert zu sein. Seit diesem Abend kam er öfter vorbei, mit meiner Freundin und deren Freund, aber auch alleine. Und es tat wahnsinnig gut.

Eines Abends schlug ich mir mit Nathalie wieder einmal bei McDonalds den Bauch voll. Ich wog in der Zwischenzeit wieder drei Kilo mehr als bei meiner Entlassung, immerhin. Das fettige McDonald-Essen zeigte also Wirkung. Als ich wieder zu Hause war, klingelte mein Handy. Es wäre mir fast aus der Hand gefallen, als ich sah, wer anrief. Die Nummer meines Exfreundes leuchtete auf, und ich überlegte mir, ihn einfach wegzudrücken, aber dafür hing ich noch viel zu sehr an ihm. Also ging ich ran und brachte es sogar zustande, unfreundlich zu sein. Er versuchte mir zu erklären, was seine Aktion sollte, doch es klang nur nach faulen Ausreden. Bei ihm sei in letzter Zeit so viel schief gelaufen. Er wusste nicht, wo ihm der Kopf stand, hatte Probleme bei der Arbeit und in der Berufsschule. Er hatte wieder angefangen zu rauchen, wurde beim Zu-schnell-Fahren erwischt und hatte sich ein Piercing stechen lassen, obwohl er es eigentlich immer gehasst hatte, irgendein Metall im Gesicht hängen zu haben. Ich konnte nur lachen, versuchte ihm klar zu machen, dass er für all das selbst verantwortlich war. Das alles war aus seiner freien Entscheidung heraus passiert, hätte er sich mal vorher Gedanken über die Konsequenzen gemacht. „Du weißt schon, dass das, was du gerade durchmachst, ein Spaziergang ist im Gegensatz zu meiner Therapie", sagte ich zu ihm. „Was er gerade durchmachte", wie sich das anhörte. Als könne er überhaupt nichts für seine momentane Situation, als hätte ihn jemand dazu gezwungen. Aber ich versuchte, mir nicht anmerken zu lassen, wie enttäuscht ich von ihm war; hoffte, er würde merken, dass ich auch ohne ihn glücklich war. Ob es nun so war oder nicht. Er rief am nächsten Tag wieder an, gerade als einige Freunde bei mir waren. Er hatte mitbekommen, dass ich mich mit Samuel gut verstand und machte mich am Telefon zur Schnecke. Dabei war er derjenige, der mich nicht mehr wollte. Er war derjenige, der am Telefon gesagt hatte, dass sich das mit mir nicht mehr richtig anfühlte. Er war derjenige, der nebenher eine andere Freundin hatte. Nathalie nahm mir das Handy aus der Hand, als mir Tränen in die Augen traten. Sie redete lang mit ihm und fuhr gleich darauf zu ihm. Mitten in der Nacht rief sie mich an, um mir zu erzählen, wie traurig und fertig mein Exfreund war. Plötzlich war er das Opfer. Mitten in der Nacht kam sie bei mir vorbei und hatte ihn dabei; wir sollten reden, meinte sie. Und wir redeten. Nur wie war die Frage. Er war nur am Weinen, erklärte mir, wie leid ihm alles tat, doch ich wurde Gott sei Dank nicht weich, denn kurz darauf fing er doch tatsächlich wieder von den Tomaten an. Er meinte, dass ich damals schuld war, dass seine Eltern für das Kilo 50 Cent mehr zahlen mussten, dass es allein meine Schuld war und ich froh sein konnte, dass sie mich das nicht spüren ließen. Ich dachte, ich hörte nicht richtig, aber ich hatte mich nicht verhört. „Wenn wir jetzt noch mal zusammenkommen", sagte er, „dann heiraten wir. Dann sehe ich mich in fünf Jahren, mit zwei Kindern und einer Wohnung. Dann kommt dein Krebs zurück. Du stirbst und ich stehe da, mit zwei Kindern und einem Berg Schulden." Einfühlsamkeit hatte er noch nie mit Löffeln gefressen, doch bei dieser Aussage stockte selbst mir der Atem. Kann man so etwas zu seiner krebskranken Exfreundin sagen, nachdem man sie betrogen hatte? Wäre er nur einmal bei einem Gespräch mit den Ärzten dabei gewesen, hätte er gewusst, wie meine Chancen standen, doch nicht einmal das brachte er auf die Reihe.

Um drei Uhr in der Nacht ging er, gab mir zum Abschied einen Kuss auf die Stirn, heulte Rotz und Wasser. Er hielt mich im Arm, so fest, wie er mich das ganze Jahr nicht mehr gehalten hatte, doch ich ging nicht darauf ein, zum Glück nicht. In den nächsten Tagen ging es gerade so weiter.

Er rief oft an und Nathalie fuhr mich zu ihm – zwei-, dreimal. Als wir drei uns Pizza holten, saß ich eine Weile allein im Auto. Freunde meines Exfreundes fuhren vorbei und hielten neben unserem Auto an. „Warum sind France und Dani nicht mehr zusammen?" „Weil Francesco eine andere gepoppt hat", war Nathalies Antwort, die mich, wie so oft, zum Heulen brachte. Es war einfach alles zum Heulen. Ich konnte mit ihm keine Beziehung mehr führen und ich war froh, dass mein Kopf so dachte. Mein Herz tat es nämlich nicht. Aber manchmal musste man einfach das tun, was der Kopf sagte, auch wenn das Herz sich noch so sehr dagegen wehrte. Er rief mich noch einige Male an, merkte dann aber recht bald, dass Samuel öfter bei mir war als er im letzten halben Jahr. An einem Montag, dem ersten Tag meines dritten Chemoblocks, bekam ich eine letzte E-Mail von meinem Exfreund. Dass durch seine Fehler und durch meine neuen Freunde zu viel zwischen uns kaputt gegangen war und dass ich nun ja jemanden hätte, der mich tröstete. Das war's. So groß konnte seine Liebe nicht gewesen sein, sonst hätte er mehr um mich gekämpft. Ich war froh, dass er sich nicht mehr meldete. Ich hatte die Warterei auf ihn satt, hatte es satt, wie er mit mir umsprang. Trotzdem verstand ich die Welt nicht mehr. Er sagte so oft, er hätte Angst, dass er mich durch den Krebs verlieren würde. Doch dann ließ er mich allein mit dem Krebs, ohne überhaupt zu versuchen, mit mir dagegen anzukämpfen. Es tat weh, sehr weh.

Die Freundschaft zwischen Samuel und mir wurde immer enger. Er besuchte mich im Krankenhaus, während die Chemo in mich hineinlief, rief mich an, schrieb mir SMS und wenn ich zu Hause war, war er eigentlich immer bei mir. Nach einer Weile wurde aus unserer Freundschaft eine Beziehung und genau das hätten wir besser gelassen. So vertraut unsere Freundschaft war, so kompliziert wurde unsere „Beziehung".

Er wäre wohl der perfekte Schwiegersohn gewesen. Er hatte Anstand, wusste sich zu benehmen und war hübsch, doch er wusste über seine Vorzüge Bescheid, wusste, wie er sich benehmen musste, um einen guten Eindruck zu hinterlassen. Aber er war in der Beziehung, wenn man das so nennen konnte, plötzlich völlig anders als in unserer Freundschaft. Er wollte alles genau wissen, drehte mir die Worte im Mund herum und war gleich beleidigt. Er verstand nicht, dass ich im Moment größere Probleme hatte, als mir zu überlegen, wie ich einen Satz formulieren musste, dass er ihn auch richtig verstand. Die Beziehung mit ihm war einfach nur anstrengend, es zehrte alles an meinen ohnehin schon strapazierten Nerven und ich hatte keinen Kopf mehr dafür, mir ständig seine Predigten anzuhören. Wir gerieten immer öfter wegen Kleinigkeiten aneinander, Kleinigkeiten, über die ich es mir zu der Zeit nicht erlauben konnte, einen Kopf zu machen. Meine Krankheit nahm schon einen so großen Platz in meinem Leben ein, dass ich es kaum schaffte, den Überblick zu behalten. Da konnte ich niemanden brauchen, den ich auch noch mitziehen musste. Er war eifersüchtig, obwohl er absolut keinen Grund dazu hatte. Welcher Mann um die 20 wollte schon seine Freiheit für eine krebskranke Frau ohne Haare aufgeben?! Ich musste ihm dankbar sein für alles, was er für mich tat. Er war der barmherzige Samariter, dessen Leben sich nur noch um mich drehte. Genau das wollte ich nicht. Ich wollte unabhängig sein, wollte nicht mein ganzes Leben daran erinnert werden, dass er für mich da war, als ich krank war, wollte diese Tatsache nicht bei jedem Streit vorgeworfen bekommen. Es war an der Zeit, mein Leben zu ordnen. Ich musste aussortieren. Ich musste unterscheiden zwischen den Menschen, mit welchen es mir gut ging, und den Menschen, die mir später vorwerfen würden, sie seien immer für mich dagewesen. Es war an der Zeit, mir wieder einmal über mein Leben Gedanken zu machen. Es war in letzter Zeit viel zu schnell, viel zu viel passiert und irgendwie hatte ich völlig den Überblick verloren.

Es war März und ich hatte meinen vierten Chemoblock hinter mir. Ich war in der Zwischenzeit mehrmals wegen Fieber und Mukositis, einer Schleimhautentzündung, in der Klinik gelandet. Von Morphin bis hin zur Intensivstation hatte ich schon einiges hinter mir und die „Beziehung" mit Samuel hatte ich zwischenzeitlich beendet. Dass ich kaum Zeit hatte, über alles Erlebte nachzudenken, war wahrscheinlich besser so, doch irgendwann holte mich alles ein. Da war nicht nur die Tatsache, dass mein langjähriger Freund mich sitzen gelassen hatte. Ich hatte auch noch meine geliebten langen Haare verloren und jetzt merkte ich zu allem Überfluss auch noch, dass ich verdammt aufpassen musste, mit welchen Menschen ich meine Zeit verbrachte. Ich musste alleine sein, viel alleine sein. Ich war froh, dass Samuel mir nicht mehr die Luft abschnürte und genoss zum ersten Mal in den vergangenen vier Monaten die Ruhe. Es war dieses Mal ausnahmsweise einmal nicht die Ruhe vor dem Sturm. Ich war endlich alleine. Nicht ganz alleine, ich hatte meine Familie. Meine Eltern, meine Tanten und meine Cousinen. Und in dieser Zeit brauchte ich nur sie. Ich brauchte nur Menschen, auf die ich mich verlassen konnte und ich musste jetzt zusehen, dass ich mit mir selber wieder ins Reine kam. Ich musste zusehen, dass ich lernte, mich selber wieder zu akzeptieren.

Ich begann damit, mir weitere Perücken zu bestellen – schwarze, braune, rote, kurze, lange, glatte, gelockte. Es machte Spaß, auf das Paket zu warten, neue Frisuren auszuprobieren. Ich schminkte mich wieder und sah überhaupt nicht mehr krank aus. Ich begann, das Leben wieder zu genießen, trotz Krebs. Ich begann wieder glücklich zu sein, ganz ohne

Freund und ganz ohne Haare. Ich hatte nun also den ersten Schritt geschafft, ich war auf dem besten Weg, wieder glücklich zu werden und nun konnte ich den zweiten Schritt in Angriff nehmen, nämlich den, meine Probleme zu lösen. Wie die meisten Menschen dachte ich, ich müsste meine Probleme lösen, um glücklich zu werden. Doch wie sollte ich meine Probleme denn erfolgreich lösen, wenn ich keine Freude am Leben hatte? Das war die völlig falsche Reihenfolge. Um die Kraft zu haben, Probleme lösen zu können, musste ich erst einmal glücklich werden. Dann ging alles andere wie von selbst.

Anfang April, zwischen meinem vierten und fünften Chemoblock, bekam ich wieder diese Mukositis und landete über eine Woche lang im Krankenhaus. Ich bekam wieder Morphin und konnte keinen Bissen mehr essen. Ich hatte Schmerzen im Mund und war froh, dass es niemanden gab, der mich wieder wegen irgendetwas stresste. Ich hatte meine Ruhe und es tat mir gut. Nach der ersten Woche Aufenthalt hatten die Ärzte vor, mir Stammzellen zu entnehmen. Ich rechnete damit, dass es keine wahnsinnig große Aktion werden würde, doch ich hatte mich getäuscht. Man hatte mir erklärt, ich bekäme zwei „Abos" in die Ellenbeugen gelegt und darüber würde mir Blut entnommen werden. Dieses fließe dann durch einen Filter, der meine Stammzellen herausfilterte. Anschließend würde das gefilterte Blut wieder über meinen anderen Arm in meinen Körper hineinfließen. Klang simpel, war es aber nicht. Als ich die zwei Abos in meinen Ellenbeugen stecken hatte und an sämtlichen Schläuchen angeschlossen war, gab mein Arm keinen Tropfen Blut her. In dem Schlauch, der mir das Blut aus dem einen Arm herausziehen sollte, entstand ein Unterdruck und so saugte sich die Nadel an meine Venenwand fest und nichts ging mehr. Sie legten mir einen anderen Venenzugang am rechten Unterarm, doch dieser funktionierte genauso wenig. Die Oberärztin, die die ganze Aktion managte, begann leicht nervös zu werden und meinte, wenn der nächste Abo nicht funktionierte, bräuchten wir einen Sheldon-Katheter. Gut, her damit. Doch so leicht ging das nicht, zumal ich noch nicht einmal wusste, was so ein Katheter überhaupt war. Aber ich hatte in den letzten Monaten schon so viel hinter mir, da würde ich das wohl auch noch überleben. Die Oberärztin erklärte mir, dass das eine größere Nadel wäre, die man mir in die Leiste legen würde. Das klang vorerst nicht wirklich beängstigend, ich hatte schließlich auch unter dem Schlüsselbein einen gefühlten Riesenkatheter liegen. Sie rief auf der Intensivstation an und auf einmal wurde mir klar, dass hinter diesem Sheldon-Katheter wohl doch etwas Größeres steckte. Plötzlich stand ein Arzt in der Tür, der wohl direkt von der Intensivstation kam. Er war begeistert von meinen Venen und konnte gar nicht verstehen, warum mein Blut nicht fließen wollte. Er legte mir am linken Unterarm auch noch einen größeren Venenzugang, und zumindest für diesen Abend lief mein Blut. Zwar langsam, aber es lief. Trotzdem war die Oberärztin nicht zufrieden und so hatte ich, schneller als ich schauen konnte, am nächsten Morgen einen Termin auf der Intensivstation. Wie sich herausstellte, sollte das Legen dieses Katheters unter Vollnarkose geschehen. Mir sollte es Recht sein, dann bekam ich von dieser ganzen Prozedur wenigstens nicht allzu viel mit. Geplant war, dass es um halb zehn losgehen sollte, doch wer Krankenhäuser kennt, der weiß, dass hier nie etwas nach Plan läuft. So auch an diesem Tag. Die Intensivstation wusste natürlich von keinem Termin etwas, und so verschob sich mein Aufenthalt auf der von mir so gehassten Station um einige Stunden. Um dreizehn Uhr lag ich dann endlich inmitten von Schläuchen, an denen ich diesmal Gott sei Dank nicht angeschlossen war, und wartete auf meine Narkose. Eine Stunde lag ich herum, bis mir eine Ärztin das Stück zeigte, was sie mir in den

Oberschenkel rammen wollten – mich traf fast der Schlag. Verpackt in einem riesigen Plastikpaket lag da ein gut fünfzehn Zentimeter langer Schlauch, der am Ende zwei Anschlüsse hatte. Die zwei Anschlüsse sollten aus meinem Oberschenkel herausschauen und dieser Fünfzehn-Zentimeter-Schlauch sollte in meiner Leiste verschwinden. Auf meine Frage, ob mich der Schlauch bei irgendetwas stören würde, bekam ich zur Antwort, dass ich eben mein Bein nicht unbedingt anwinkeln sollte, ansonsten würde ich keine Probleme mit ihm haben. Beruhigt ließ ich mich daraufhin mit Hilfe einer Lachgasnarkose schlafen legen. Als alles vorbei war, glitt ich langsam aber sicher wieder in das Hier und Jetzt zurück und es war alles wahnsinnig lustig. Ich fühlte mich, als hätte ich irgendwelche Drogen eingeworfen. Ich konnte zum ersten Mal seit Monaten richtig herzhaft lachen und selbst mein Vater, der neben mir saß, musste mitlachen. Es war alles total witzig, solange, bis ich realisierte, dass ich an meinem Oberschenkel das Ende dieses mordsmäßigen Schlauches herausbaumeln hatte. Es tat weh, war unangenehm und einfach nur eklig. Da lag ich, nur in Unterwäsche. Wenigstens hatte ich mir vor diesem ganzen Desaster noch ein hübsches Panty angezogen und das, obwohl ich vorher nicht ahnen konnte, dass ich die nächsten zwei Tage keine Hosen anziehen durfte. Als sich mein Lachanfall irgend-wann gelegt hatte und ich mich wieder in der harten Realität befand, durfte ich zurück auf mein Zimmer. Ich musste dringend pinkeln, doch irgendwie hatten sie vergessen mich aufzuklären. Ich durfte mich mit diesem Schlauch in meinem Bein nun also weder aufrecht hinsetzen noch aufstehen. Ich durfte nur auf die Bettschüssel und dort mein Ge-schäft verrichten. Hätten sie mir das alles vorher erzählt, hätte ich mich auf dieses Abenteuer nicht eingelassen, aber das hatten sie geschickt eingefädelt. Man hatte mir die ganzen schlechten Dinge erst erzählt, als es zu spät war und ich mich nicht mehr wehren konnte. Aber daran hatte ich mich fast schon gewöhnt, so lief das hier nun mal. Nachdem ich es geschafft hatte, mich irgendwie auf diesen kalten Topf zu quälen und dann auch noch zu pinkeln, ohne wirklich aufrecht zu sitzen, kamen schon wieder zwei Schwestern. Die eine konnte mir gerade noch den Topf unter meinem knöchrigen Hintern wegziehen, da schob mich die andere schon wieder in das Zimmer, in dem die Filtermaschine samt der Oberärztin schon auf mich warte. Sie hatten es beide wieder einmal auf meine Stammzellen abgesehen. Nun lag ich da, halbnackt, ließ mich anstöpseln und konnte mich anschließend nicht mehr bewegen. Ich durfte nicht riskieren, dass sich noch einmal irgendein Schlauch an meiner Venenwand ansaugte. Wie ich es hasste. Wie ich mir wünschte, dass dieser Tag, der schon so beschissen angefangen hatte, endlich vorbei war. Ich lag bis fast dreiundzwanzig Uhr auf dem Präsentierteller mit nackten Beinen. Neben mir eine Maschine, die einen Mörderlärm von sich gab. Daneben die Oberärztin samt der Stationsärztin und im Eck irgendwo mein Vater, der langsam auch die Schnauze voll hatte. Es war ätzend und langweilig. Mein einziger Lichtblick war, dass der Chefarzt mir am Morgen versprochen hatte, dass ich am nächsten Tag nach Hause durfte. Als die beiden Ärztinnen genug Stammzellen hatten, fragte ich, ob sie mir den Schlauch bitte gleich aus meinem Oberschenkel ziehen konnten, doch sie hatten andere Pläne als ich. Sie wollten am nächsten Tag noch einmal Stammzellen sammeln, das war's dann mit dem Nach-Hause-Gehen. Mittags würde mir der Katheter gezogen werden, sagten sie. Ab dem Zeitpunkt musste ich noch vierundzwanzig Stunden überwacht werden, da der Katheter in einer Hauptschlagader lag und die Gefahr bestand, dass die Wunde nachblutete. Der Tag hatte es wirklich in sich. Meine Laune war auf dem Nullpunkt, und als sie mich endlich auf mein Zimmer zurückgeschoben hatten, musste ich mich auch noch übergeben. Es lag wohl noch an der Narkose, oder an was auch immer. Ich war einfach nur völlig am Ende und wollte nur noch schlafen. Am nächsten Morgen ging es genau dort weiter, wo es am Abend zuvor aufgehört hatte, in dem netten Zimmer mit der ohrenbetäubenden Maschine. Nach fünf Stunden dann die Erlösung, sie gaben es auf, ich hatte endlich meine Ruhe. Wir waren fertig und ich war überglücklich. Ich begann gleich Druck zu machen, dass sie mir meinen Katheter so bald als möglich zogen, doch das stellte ich mir zu einfach vor. Die Schwestern konnten ihn mir nicht ziehen. Die Stationsärztin wollte selbst Hand anlegen, und das war wohl auch besser so. Um vierzehn Uhr versammelten sich drei Schwestern samt Ärztin um mein Bett. Zwei Schwestern hielten mir Händchen, eine hielt mein Bein und die Ärztin machte sich über meinen Oberschenkel her. Da der Katheter festgenäht war, musste sie erst die Fäden ziehen. Das ging noch, ich war das Ziepen schließlich langsam gewohnt. Doch dann kam das Unangenehme. Sie zog glücklicherweise ziemlich schnell an dem fünfzehn Zentimeter langen Schlauch, und ich hatte das Gefühl, sie würde ein riesiges Seil aus meinem Bein ziehen, es war furchtbar. Gleich hinterher musste eine Schwester mir zehn Minuten lang auf die Leiste drücken, damit es nicht nachblutete, und das tat wahnsinnig weh. Neben der Hauptschlagader verlaufen in der Leiste wohl auch noch große Muskeln und Sehnen, und genau auf diese drückte sie mit ganzer Kraft. Es war einfach nur schrecklich. Doch endlich war ich dieses Ungetüm los und durfte drei Stunden später sogar wieder laufen. War ich froh!

Nur die Schwachen schickt man über den leichten Weg ins Ziel.

Meine nächste Chemo war erst für eine Woche nach meiner Entlassung geplant. Ich hatte ein super Blutbild, da ich zur Stammzellenentnahme Spritzen bekommen hatte, die mein Blut sich schneller erholen ließen. Ich war eine Woche zu Hause und ich konnte zum ersten Mal richtig durchatmen und wieder ganz normal leben. Meine kleine Cousine war jeden Abend bei mir, wir waren viel draußen und ich war sogar einkaufen. Es war unglaublich, wie toll das ganz normale Leben war, und wie weit weg dieses ganz normale Leben für mich im letzten halben Jahr gewesen war. Doch irgendwie hatte ich immer noch das Gefühl, von allen Menschen angestarrt zu werden, sobald ich einen Schritt auf die Straße machte. Ich kam mir vor, als hätte ich ein Schild mit dem Wort „Krebs"auf meiner Stirn. Doch es war nur Einbildung, jeder bestätigte mir, dass man mir nichts ansah. Das Wochenende stand vor der Tür und das war der Höhepunkt meines „Urlaubs in der Normalität". In unserer Nachbarstadt sollte ein großes Fest stattfinden, ich wusste, dass jeder hingehen würde und dass ich viele Leute sehen würde, die ich seit langem nicht mehr gesehen hatte. Ich wollte in kein Lokal hineingehen, das konnte ich meinen Blutwerten nicht zumuten. Aber das Wetter war toll und wir konnten uns draußen hinsetzen, so hatten wir es zumindest vor. Meine Cousine ging mit mir mit auf dieses Fest. Sie kam abends zu mir und wir machten uns zusammen schick. Ich konnte mich kaum entscheiden, welche meiner bereits sieben Perücken ich aufziehen sollte, nahm aber am Ende die, die meinen früheren Haaren am ähnlichsten sah. Ich fühlte mich toll, ich sah fast aus wie früher. Nur eben dünner. Noch dünner als früher, obwohl das kaum möglich war.

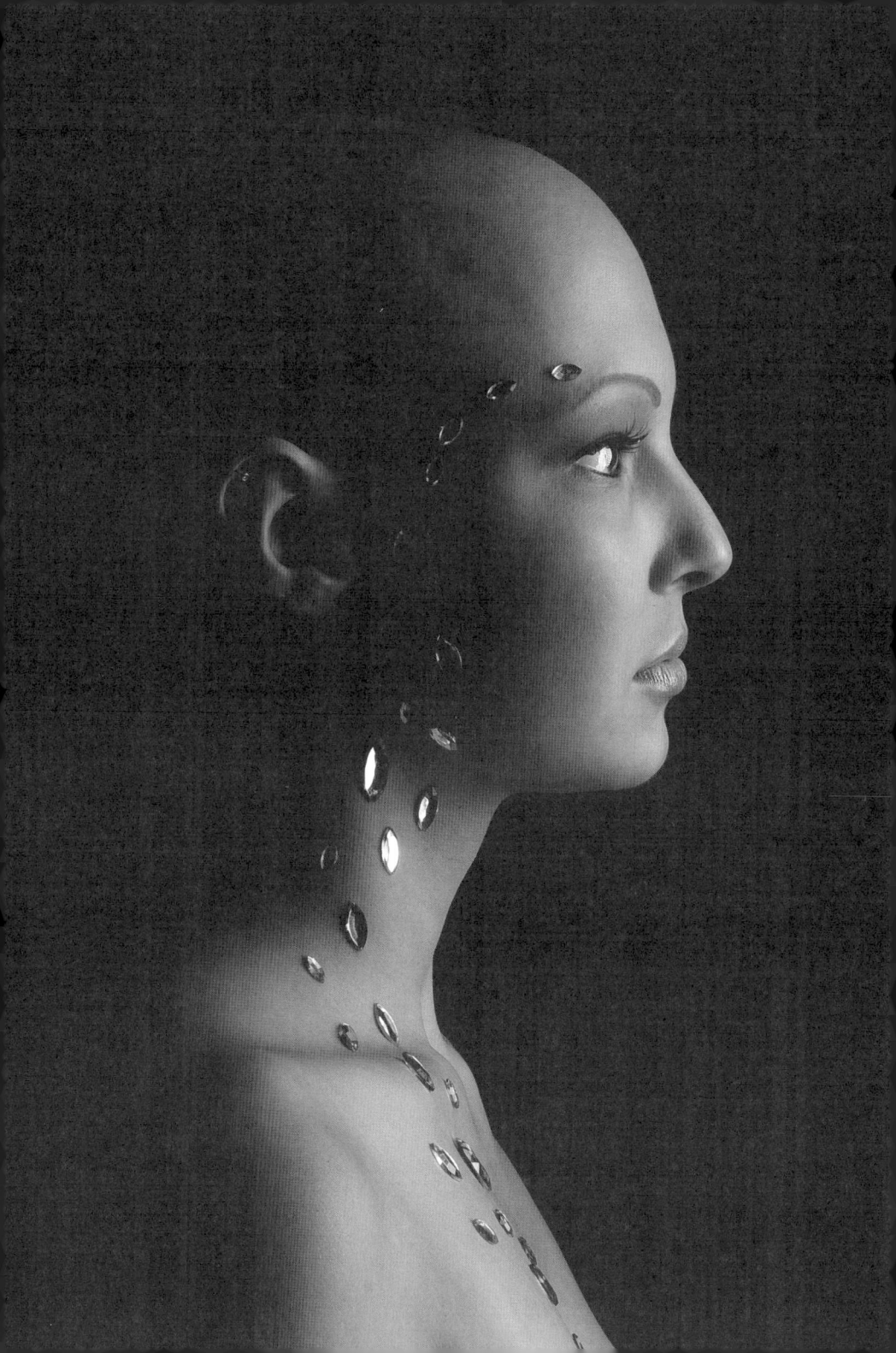

Ich schaute mich im Spiegel an, mit meinem Gesicht war ich zufrieden, obwohl ich weder Augenbrauen noch Wimpern hatte. Ich schminkte meine Augen mit so viel Kajal und dunklem Lidschatten, dass die fehlenden Härchen niemandem auffielen, zumal es draußen bereits dunkel war, als wir loszogen. Nur mit meiner Figur war ich nicht zufrieden, ich hatte wahnsinnig dünne Beine. Doch Not macht erfinderisch. Ich zog eine dicke Wollstrumpfhose unter meine Jeanshose. Zum einen hielt sie warm, und zum anderen schlabberte meine Jeanshose an meinen Oberschenkeln nicht mehr ganz so sehr. So sah ich zumindest ein bisschen normalgewichtiger aus. In meine hinteren Taschen der Jeanshose steckte ich mir BH-Polster und siehe da, ich hatte zwar keinen J-Lo-Hintern, aber immerhin einen runderen als vorher. Was Frau nicht alles tat, um gut auszusehen. Der Abend war unglaublich spannend. Es war der erste Abend seit einem halben Jahr, an dem ich ausging, an dem ich andere Menschen treffen würde, gesunde Menschen. Und ich fühlte mich endlich wieder so gut wie früher. Meine Minderwertigkeitskomplexe wegen meiner fehlenden Haare und meiner Figur, die einer Magersüchtigen Konkurrenz gemacht hätte, waren weg. Ich fühlte mich toll und hätte mir gewünscht, mein Exfreund hätte mich so gesehen. Ich hätte ihm so gern gezeigt, wie gut es mir ging, ohne ihn. Doch er war an diesem Abend nicht da. Das war wohl auch besser so. Aus den Augen, aus dem Sinn. Doch dafür war Samuel da. Er hing sich mit seinem Kumpel geschlagene drei Stunden an uns, und darum wurde aus der tollen, ausgelassenen Stimmung ein angespannter, verklemmter Abend. Doch ich ließ mir von ihm meine Laune nicht verderben – nicht mehr. Um dreiundzwanzig Uhr verabschiedeten sich meine Cousine und ich unter einem Vorwand von ihm und seinem Freund, so hatten wir wenigstens noch gut eine Stunde für uns. Wir amüsierten uns köstlich. Wir trafen einen Freund, der fünf Jahre zuvor die gleiche Krankheit gehabt hatte wie ich, und er freute sich wahnsinnig, mich zu sehen. Er nahm mich in den Arm, und ich spürte, dass ich genug Menschen um mich hatte, die sich um mich sorgten. Er war überrascht, mich so fit und „gesund" zu sehen und unterhielt sich lange mit mir. Wir trafen noch andere Freunde und einfach jeder freute sich, mich zu sehen. Es tat gut und ich merkte an diesem Abend, dass ich wirklich nicht alleine war. Ich hatte so viele Menschen, die an mich dachten und sich um mich sorgten.

Drei Tage später ging mein fünfter Chemoblock los, und ich vertrug diese Chemo zu meinem Erstaunen recht gut. Ich genoss die Ruhe, telefonierte mit meiner Cousine und mit Michaela, die ich in der Woche zuvor wiedergetroffen hatte. Ich kannte sie seit einem Jahr, wir hatten nur wenig Kontakt, aber sobald wir uns sahen, stimmte die Chemie zwischen uns. Sie war wie ich. Sie war herzlich, lachte gern und viel und war genau so chaotisch. Sie freute sich wie ich über jede Kleinigkeit, war überhaupt nicht eingebildet, war lustig, offen und bei jedem Scheiß dabei, und ich konnte verdammt gut mit ihr quatschen. Ich konnte es kaum fassen, wie sich mein Freundeskreis in den letzten Monaten verändert hatte. Menschen, von denen ich es nie erwartet hätte, enttäuschten mich zutiefst, und die, bei denen ich nicht damit gerechnet hätte, waren plötzlich für mich da.

Anfang Mai begann mein vorerst letzter Chemoblock. Ich kostete noch einmal alles in vollen Zügen aus, übergab mich des Öfteren und landete eine Woche später wieder mit Fieber im Krankenhaus. Eigentlich kam ich, weil sich meine Mundschleimhaut wieder einmal auflöste und ich vor Schmerzen weder essen noch trinken konnte. Am darauffolgenden Morgen wachte ich mit Bauchschmerzen im rechten Unterbauch auf, und der erste Verdacht fiel natürlich auf eine Blinddarmentzündung.

Ich ahnte bereits, dass ich dieses Mal nicht nach fünf Tagen wieder nach Hause durfte, wie bisher immer. Dieser Aufenthalt zog sich über zwei schier endlose Wochen hin. Ich hatte starke Bauchschmerzen, meine Darmschleimhaut war von der Chemo so angegriffen, dass sie sich komplett ablöste. Das war genau so schmerzhaft, wie es sich anhörte. Eine Woche konnte ich mich vor Bauchschmerzen kaum rühren. Ich durfte weder essen noch trinken und war mit den Nerven völlig am Ende. Als ich bereits eine Woche im Krankenhaus war und sich der Verdacht auf eine Blinddarmentzündung glücklicherweise nicht bestätigt hatte, stand mein zwanzigster Geburtstag an. Es war ein Montag, und ich wachte zum ersten Mal ohne Schmerzen auf. Vor mir standen eine Krankenschwester und ein Arzt, die zur Blutabnahme vorbei kamen, und sie sangen mir schon morgens um acht Uhr mein erstes Geburtstagsständchen. Später bekam ich noch Geschenke von der Station und von anderen Kindern, und überall in meinem Zimmer hingen Girlanden und Luftballons. Es lief soweit alles ganz gut, bis ich mittags ein Antipilzmittel über eine Infusion bekam. Ich hatte geschlafen und meine Mutter weckte mich, nachdem sie gemerkt hatte, dass ich immer unruhiger wurde. Ich wachte auf und glühte am ganzen Körper. Auf meinen Wangen hätte man Spiegeleier braten können und ich hatte panische Angst. Wovor, wusste ich nicht, ich hatte nur das Gefühl, es stimmte etwas nicht. Kurze Zeit später kam eine Schwester herein, und als ich es ihr erzählte, stellte sie hektisch meine Infusion ab. Sie meinte, es wäre eine allergische Reaktion. Kaum hatte ich mich versehen, war ich überall mit Coolpacks bedeckt und mein Blutdruck war wohl komplett im Keller. Nach gut einer Stunde war wieder alles im Lot, aber der Zwischenfall nahm mich doch ganz schön mit, und für mich war der Tag gelaufen. Nun ja, mein zwanzigster Geburtstag wird mir wohl ein Leben lang in Erinnerung bleiben. Es sei dahingestellt, ob im positiven oder negativen Sinne.

Nach vierzehn langen Tagen im Krankenhaus wurde ich an einem Samstag Ende Mai entlassen. Mir standen nun fünf lange Wochen Bestrahlung bevor und zum Erstaunen aller Ärzte freute ich mich sehr darauf. Alles, was ich bisher über Bestrahlungen gehört hatte, war sehr unspektakulär. Bei mir wurden Nebenwirkungen von vorn herein ausgeschlossen, da ich nur am Zeh bestrahlt wurde. Ich konnte nun also über einen Monat lang normal leben. Zu Hause schlafen, essen, Freunde treffen, meinen Hund sehen, auf Partys gehen und das normale Leben in vollen Zügen genießen. Ich tobte mich richtig aus.

Als erstes machte ich einen Termin bei einem Fotografen aus. Ich hatte mir schon vor Monaten vorgenommen, Bilder von mir machen zu lassen, mit und ohne Perücke. Meine Cousine und Michaela kamen mit mir mit zum Fotografen, und wir hatten einen Mordsspaß. Einen Tag später feierte ich mit meinen Freunden meinen Geburtstag nach. Es war toll! Wir waren knapp fünfzehn Leute und feierten in einer mexikanischen Cocktailbar bis tief in die Nacht. Sogar Stefanie aus der Klinik war dabei. Sie war diejenige, der ich es zu verdanken hatte, dass ich aus meinem Anfangstief so schnell und erfolgreich wieder herausgekommen war. Sie war das ganze Wochenende über bei mir und wir schliefen kaum. In der kommenden Woche begann meine Bestrahlung. Ich hatte schon vermutet, dass es nichts Großartiges werden würde, zumindest nicht im Vergleich zu meinen vergangenen sechs Chemoblöcken. Aber damit, dass es so locker laufen würde, hatte ich nicht gerechnet. Ich musste zwar zwei Mal am Tag nach Stuttgart in die Klinik fahren, war dort aber in null Komma nichts fertig. Das Aufwändigste an der ganzen Geschichte war das Hin- und Herfahren. Die ersten zwei Wochen der Bestrahlung vergingen viel zu schnell. Ich war viel unterwegs und kaum zu Hause. Ich kostete meine neugewonnene Freiheit völlig aus und schlief kaum.

Danach hatte ich eine Woche Bestrahlungspause und dann waren weitere zwei Wochen Bestrahlung geplant. An einem Samstag, am Ende der ersten zwei Bestrahlungswochen durfte ich meine Bilder vom Fotografen abholen. Ich wusste, dass sie nicht schlecht werden würden. Aber sie waren überwältigend, vor allem die Bilder ohne Haare. Der Fotograf wollte einen Teil der Bilder sogar in seinem Geschäft ausstellen, auf Leinwand. Ich war geplättet und wahnsinnig stolz. Ich hatte es endlich geschafft. Ich war wieder Stolz darauf, das zu sein, was ich war. Ich hatte wieder das Selbstbewusstsein, das ich vor meiner Krankheit hatte. Ich war wieder die Alte. Ich hatte von ganz unten angefangen und war jetzt, nach erst einem halben Jahr Therapie schon um so viel gewachsen. Ich war nicht mehr zu vergleichen mit der, die ich vor meiner Krankheit war. Ich war größer, erfahrener und ich war stärker. Ich war endlich auf dem besten Weg mich selbst zu finden.

In meiner Bestrahlungspause begann ich sogar wieder damit, Auto zu fahren und ich war jeden Tag bei Mc Donalds. Ich wog ohnehin viel zu wenig und hatte eigentlich gedacht, ich würde durch dieses Essen vielleich zunehmen, doch das wurde mir dann leider zum Verhängnis. So schön die vergangenen drei Wochen waren, so hart wurde die Vierte. Ich bekam hohes Fieber, hatte Bauchschmerzen und mir war hundeelend. Mein Blut war einwandfrei, ich verstand absolut nicht, woher die Beschwerden auf einmal kamen. Doch ich hatte mir wieder irgendwelche Darmbakterien eingefangen und landete eine Woche isoliert auf der Station. Da musste ich durch. Sie hatten eigentlich den siebten Chemoblock für die Bestrahlungspause geplant, doch daraus wurde nichts. Ich lag flach, eine Woche lang. Danach ging es weiter mit der Bestrahlung, wieder für zwei Wochen. In diesen zwei Wochen kostete ich das Leben noch einmal richtig aus. Ich lernte neue Leute kennen, ging abends weg und traf mich mit alten Freunden. Ich war viel mit Michaela unterwegs, und ich lernte neue Männer kennen. Und plötzlich interessierten sie sich wieder für mich. Es war ganz anders, als ich es mir immer vorgestellt hatte. Durch meine Erfahrung, die ich damals mit meinem Exfreund gemacht hatte, hatte ich immer Angst davor, dass ich nie mehr einen Freund finden würde. Wer wollte denn auch eine Frau, die Krebs hatte. Ich dachte immer, ich wäre für mein Leben gezeichnet, keiner würde mich mehr wollen. Doch komischerweise war das Gegenteil der Fall. Ich bekam Komplimente, jeder fand es faszinierend, wie ich mit der Krankheit umging. Und keiner hätte sie mir angesehen. Jeder erklärte mir, dass es eine Stärke sei, trotz dieser Krankheit so im Leben zu stehen und den Lebensmut nicht zu verlieren. Selbst Herr Dr. E., einer meiner Lieblingsärzte unserer Station, sagte zu mir, als ich einmal ambulant in der Klinik war, jedem Mädchen erzähle er von mir. Von meinen zehn Perücken und davon, dass man mir nicht anmerkte, dass ich schwerkrank war. Ich hätte mich so wahnsinnig verändert im Vergleich zum Anfang meiner Therapie, ich sei nicht wiederzuerkennen. Er erzähle allen Mädchen, sie sollten sich ein Beispiel an mir nehmen, weil ich das Beste aus allem machen würde. Aber das hatte ich mir ja als Leitsatz für dieses Therapiejahr gesetzt. Die Glücklichen bekamen nicht immer von allem das Beste, aber sie machten aus allem das Beste.

Es war nun also Mitte Juli 2009. Die Bestrahlung die sich jetzt doch über acht Wochen hingezogen hatte, verging viel zu schnell, und nun saß ich um halb drei mitten in der Nacht im Bett, und konnte beim besten Willen nicht schlafen. Morgen sollte es also wieder losgehen. Ich musste zurück, zurück nach Stuttgart, zurück in die schwerste Zeit meines Lebens. Dabei waren die vergangenen zwei Monate so schön – so normal.

Ja, ich hatte sogar wieder mit Alltagsproblemchen zu kämpfen. Aber genau das zeigte mir, dass es jetzt eindeutig Zeit wurde, dass die Therapie weiterging. Ich machte mir um eigentlich völlig belanglose Dinge Gedanken, war viel zu nah am Geschehen dran. Aber was will man erwarten, nach diesen aufregenden acht Wochen der Freiheit?

Ich hatte neue Menschen kennengelernt, die einen wurden zu Freunden, von den anderen hörte ich schon kurz darauf nichts mehr. Ich war einkaufen, feiern, spazieren, Auto fahren, essen, im Kino und so viel mehr. Ich tobte mich aus, wie es mir eine Krankenschwester vor meiner Bestrahlungszeit vorgeschlagen hatte. Ich lernte sogar neue Männer kennen. Das durfte nur niemals jemand erfahren, am allerwenigsten Schwester Ingrid. Sie würde mir garantiert eine Wendeltreppe in den Hals machen. Aber Männer gehörten nun mal zu meinem Leben dazu. Doch wenn das mit den Männern ein Gutes hatte, dann war es die Tatsache, dass ich begriff, momentan keine Beziehung führen zu können. Weder während der Pause, noch im kommenden halben Jahr. Ich brauchte die Zeit voll und ganz für mich. Aber es tat gut, diese Bestätigung bekommen zu haben. Ich hatte meinen Marktwert gecheckt und war sogar selbst erschrocken von der Aufmerksamkeit, die mir zuteil wurde, obwohl ich krank war, obwohl ich nicht einmal Haare auf dem Kopf hatte. Es gab wirklich Menschen die mich mochten, obwohl ich krank war. Ja, es gab sogar Männer, die mich toll fanden – trotz meiner Krankheit. Vielleicht machte ich in dieser Zeit zu viel von den Meinungen anderer Menschen, hauptsächlich der von Männern abhängig. Aber eben gerade in der Zeit, in der ich mir schwer tat, mich so im Spiegel zu sehen, wie ich war, gab es doch welche, die mich mochten. Selbst ohne Perücke. Und das tat gut. Das alles gab mir so viel mehr, als mir mein Exfreund hätte je geben können. Es war jetzt ziemlich genau ein halbes Jahr her, dass er Schluss gemacht hatte. Dass ich wie heute mitten in der Nacht hier im Bett saß und nicht schlafen konnte. Der einzige Unterschied: Damals heulte ich Rotz und Wasser, heute war ich froh darüber, dass ich ihn los war. Ich verdrückte vielleicht immer noch ab und zu ein paar kleine Tränen, aber es waren Freudentränen, weil ich froh darüber war, die letzten sechs aufreibenden Monate ohne bleibende körperliche wie seelische Schäden überstanden zu haben. Vor sechs Monaten hätte nicht mehr viel gefehlt und ich hätte mich vor die Straßenbahn gelegt, die vor meiner Klinik stündlich zweimal auf und ab fuhr, hätte man mich nur einmal alleine gelassen. Hätte ich Ausgang gehabt, hätte ich meine Freunde und meine Familie nicht gehabt, wer weiß, ob ich je aus diesem Loch gekommen wäre. Wer weiß, ob ich heute überhaupt noch leben würde.

Der siebte Chemoblock stand an. Ich hatte Angst, Angst vor den Chemos, Angst vor der Operation, Angst davor aufzuwachen, und ein oder zwei Zehen weniger zu haben und nicht damit klar zu kommen. Doch was waren zwei Zehen. Andere verloren bei der Krankheit ein ganzes Bein oder ihr Leben. Ich hatte Glück. Mehr Glück als Verstand.
„Das ist ein Wunder", sagte eine Frau vor einigen Wochen zu mir. Sie saß im Wartezimmer der Strahlenambulanz neben mir. Sie war Italienerin, früher hätte ich sofort wieder an die Zeit mit meinem Exfreund denken müssen und auf der Stelle losgeweint, doch zu meiner Freude machte es mir immer weniger aus. „Es ist ein Wunder, dass es bei Ihnen nicht gestreut hat, nach drei Jahren. Bei der Krankheit sind drei Monate schon eine lange Zeit. Aber drei Jahre, das ist wirklich ein Wunder". Erst da wurde mir wieder bewusst, wie viel Glück ich doch hatte. Vielleicht war ich deshalb so positiv eingestellt. Früher hatte ich mich immer gefragt, wie man bei solch einer schrecklichen Krankheit wie Krebs noch

optimistisch denken konnte. Wie konnte man sich noch darüber freuen, dass die Sonne schien, wenn man doch so schwer krank war? Aber durch diese Krankheit lernte man überhaupt erst, sich an solchen kleinen Dingen zu freuen. Und deshalb weinte ich nicht, weil mein „Urlaub im normalen Leben" vorbei war, sondern ich war gottfroh, dass ich ihn überhaupt so erleben durfte. Wenn ich an andere aus meiner Klinik dachte, manchen ging es um einiges schlechter als mir und einige, einige waren sogar gestorben. Sie waren an meiner Krankheit gestorben. Und manchmal durften sie noch nicht einmal ihren zweiten Geburtstag feiern, ganz zu schweigen von ihrer ersten großen Liebe, die sie nie erleben würden. Deshalb war ich nicht traurig, auch wenn es mir schwer fiel. Ich wollte nicht deprimiert sein, weil mein Urlaub zu Ende war, sondern ich war froh, dass es mir trotz allem so gut ging und ich wie es schien, doch noch einmal mit einem blauen Auge – und einem großen Zeh weniger – davonkam.

Sieben Uhr morgens, Tag eins der leichteren Chemos. Ich sollte um 10 Uhr im Krankenhaus zum Chemoblock Nummer sieben sein. Ich war schon um sieben Uhr wach, konnte nicht mehr schlafen. Zu viel ging mir durch den Kopf. Ich hatte ziemlichen Schiss. Obwohl bisher alle Ärzte der Meinung waren, die jetzigen Chemos würden wesentlich einfacher werden. Das erste halbe Jahr hatte es einfach so in sich gehabt, dass sich mir schon bei dem Wort Chemotherapie mein Magen nahezu umdrehte. Um zehn Uhr hatte ich den Termin, um Viertel nach zehn standen meine Mutter und ich immer noch auf der Autobahn im Stau. Um Viertel vor elf waren wir dann endlich im Krankenhaus und meine Augen füllten sich immer häufiger mit Tränen. Dabei war ich doch am Tag zuvor noch so froh gewesen, dass die Therapie nun endlich weiterging. Eine Stunde saß ich im Wartezimmer und wurde dann aufgerufen. Der plastische Chirurg wollte sich meinen Fuß erst anschauen, bevor die Chemo begann. Wir warteten also geschlagene vier Stunden auf ihn, bis die Schwester uns erklärte, dass alles ein Missverständnis war und wir doch bitte in ein anderes Krankenhaus in der Nähe fahren sollten, da der Arzt dort bereits auf uns wartete. Wir machten uns also mit dem Taxi auf den Weg zu Professor G., dem Starchirurgen schlechthin, der normal nur für einen guten Batzen Geld Brüste aufpumpte und Hintern straffte. Ich hatte seit gut einer Woche starke Schmerzen am bestrahlten Fuß, die Haut war wie verbrannt, und ich konnte kaum auftreten. Trotzdem wollten die Ärzte aus meinem Krankenhaus mit der Chemotherapie weitermachen. Doch diesen Plan durchkreuzte Professor Dr. G. indem er mir klarmachte, dass ich mich die nächste Zeit nur auf Krücken fortbewegen durfte und mein Fuß sich noch mindestens eine Woche von der Bestrahlung erholen sollte. Es ging also erst eine Woche später mit der Chemotherapie weiter.

Fünf Tage musste ich dann Ende Juli, nach meinem verlängerten Urlaub, wieder stationär in der Klinik zum Chemoblock Nummer sieben sein. Was lange währt, wird endlich gut, und so war es dann auch. Laut den Versprechungen der Ärzte würden die Chemos ab jetzt verträglicher werden, doch ich traute der ganzen Sache noch nicht wirklich. Ich wollte mich eben nicht zu früh freuen und dann wieder enttäuscht werden, ich hatte im letzten halben Jahr einfach schon zu viel erlebt. Doch schon allein die Tatsache, dass meine Chemo bisher täglich neun Stunden lief und diese jetzt nur noch vier laufen sollte, ließ mich hoffen. Und siehe da, ich merkte kaum einen Unterschied, ob jetzt die Chemo oder Kochsalzlösung in mich hineinlief. Fünf Tage dauerte die Prozedur, und von Freitag bis Montag lag ich mit Laura auf einem Zimmer. Wir kannten uns schon und waren heilfroh, dass man uns wieder zusammengelegt hatte. Ich verstand mich blendend mit ihr, obwohl sie gute fünf Jahre jünger war als ich, und wir machten uns, trotz Chemo, zusammen ein schönes Wochenende, so gut es eben ging. Laura ging es um einiges schlechter als mir, aber sie war immer gut drauf, und es war total lustig neben ihr zu liegen. Sie baute zu allem eine Beziehung auf und so bekam selbst ihre Brechschale einen Namen. Sie nannte sie Tassilo. „Weißt du, Tassilo war ein Junge aus meiner Klasse, so ein richtiger Kotzbrocken. Und eben deshalb heißt meine Kotzschüssel wie er", hatte sie mir erklärt, als sie noch leicht benebelt aus einer Narkose zurückdämmerte.

Nach fünf Tagen Krankenhaus war der ganze Spuk vorbei, und ich hatte mich nicht einmal übergeben. Im Gegenteil, es ging mir richtig gut. Das alles war gar kein Vergleich mehr zu meinen ersten sechs Chemos. Mein Blut wurde zwar trotzdem ein wenig schlechter, ich bekam aber kein Fieber und brauchte auch keine Bluttransfusion.

Vor meiner Operation, die ungefähr zwölf Stunden lang dauern sollte, war noch eine Kernspintomographie geplant. Ich hatte nicht wirklich Angst vor dieser Untersuchung, aber mir war trotzdem ziemlich mulmig, wieder weniger wegen der Untersuchung, mehr wegen des Befundes. In der Nacht davor hatte ich einen schrecklichen Traum. Ich wachte schweißgebadet auf und saß kerzengerade in meinem Bett. Ich hatte geträumt, dass mir die ganze Zeit etwas verschwiegen wurde und bei einer Routineuntersuchung kam es dann heraus. Ich fragte meine Mutter, was sie die ganze Zeit vor mir geheim hielten, und sie antwortete mir, dass mein Tumor gestreut hatte, in die Lunge. Mir ging es im Traum wie damals beim Anruf von Dr. W. Ich hatte noch nie solch einen Traum, es war alles so real und trotzdem so unwahr. Ich saß da und wollte weinen, doch es ging nicht. Und dann wachte ich auf. Mitten in der Nacht saß ich da, mein Herz raste, und ich begriff einmal mehr, was für ein wahnsinniges Glück ich hatte und wie unwichtig die Problemchen waren, die ich in der letzten Zeit hatte. Welcher Freund hatte was über den anderen gesagt, welche Freundin war mit welchem Kerl im Bett, wer hatte am Wochenende das kürzeste Kleid an und wer hat fünf Kilo zugenommen. Das alles war so unwichtig, so nichtig im Vergleich zu dem Leben auf der Kinderkrebsstation. Im Vergleich zum Kampf um Leben und Tod.

Am Morgen nach dem Traum fühlte ich mich wie gerädert. Ich war immer noch völlig neben der Spur und einfach nur heilfroh, dass das alles nur ein Traum war. Doch dieser Traum ließ mich den ganzen Tag nicht mehr los und zu allem Überfluss stand am Abend auch noch der Kernspintermin an. Um 18.30 Uhr musste ich dort sein, um 18 Uhr war ich da, mit Bauchschmerzen, kalten Händen und zitternder Stimme. Das ganze Programm eben. Ich kam mir vor wie ein Dreivierteljahr vorher. Der Raum zum Kernspin war im ersten Untergeschoss direkt neben dem Labor. Im Labor war ich ständig, dort wurde mir immer Blut abgenommen, es war alles schon Routine, doch an die Abteilung für das MRT konnte ich mich nicht gewöhnen. Es war ein separater Gang, ein zwanzig Meter langer Flur, abgeteilt durch zwei Glastüren. Dieser Gang hatte einen eigenartigen Geruch, sobald ich durch die Türe ging, stieg mir der Geruch in die Nase und die Erinnerungen an die schreckliche Zeit vor einem Dreivierteljahr wurden vor meinem inneren Auge regelrecht abgespielt. Ich konnte mich nicht dagegen wehren. Genauso ging es mir mit dem Parfum, dass ich im Dezember letzten Jahres benutzte, „Comme une Evidence" von Yves Rocher und der Geschmack der Fisherman's Friend Bonbons. Selbst der Geruch meines Duschgels, das ich damals in dieser Zeit der Ungewissheit benutzte, erinnerte mich unweigerlich an die Panik vor dem Anruf, auf den wir acht Wochen lang warten mussten und an die ersten Wochen auf der Kinderkrebsstation.

Eine Dreiviertelstunde würde die Untersuchung in etwa dauern, sagte die MTA. Gut eineinhalb Stunden dauerte sie dann. Ich lag da, mit den Füßen voraus, zur Hälfte in dieser Röhre, so wie ich es eben gewohnt war, hörte Radio über die Kopfhörer, die sie mir zuvor aufgesetzt hatten und musste still liegen. Zuvor bekam ich noch einen Venenzugang gelegt, worüber sie mir dann gegen Ende das Kontrastmittel spritzen konnten. Ich zählte wieder die Lieder und beim fünften hörte ich auf, denn mir ging immer noch dieser Traum durch den Kopf. Plötzlich sagte die MTA durch den Kopfhörer, ich solle mein linkes Bein anders hinlegen, es sei wohl im Weg.

Und da begann sich mein altbekanntes Gedankenkarussell wieder zu drehen, genau wie damals. Ich hatte schon fast vergessen wie es sich anfühlte, fast in Panik auszubrechen, hatte fast schon vergessen, wie schrecklich dieses Gefühl war, diese Angst vor der Zukunft.

Ich war schon wieder viel zu sehr in der normalen, gesunden Welt angekommen, hatte schon wieder viel zu viele Problemchen. Die Ärzte gaben mir die Erlaubnis, ins Freibad zu gehen. Mein Blut war gut und das Wetter war noch besser.

Ich saß also da, am ersten Tag bei 30°C unter meiner Perücke auf meinem Handtuch und schwitzte, was das Zeug hielt. Man konnte sich nicht vorstellen, wie ekelhaft warm es unter solchen Haaren werden konnte. Am nächsten Tag wickelte ich mir nur ein hübsches Tuch um den Kopf, und das war die perfekte Lösung. Das einzige Problem war, dass man jetzt sehen konnte, dass ich keine Haare hatte. Zwar nicht auf den ersten Blick, aber spätestens bei genauerem Hinsehen. Ich hatte wegen meines Aussehens eigentlich nie Komplexe, doch am dritten Tag ohne meine Haare merkte ich, dass ich momentan einfach nicht hierher gehörte. Obwohl mir eigentlich alle bestätigten, dass ich trotz Glatze toll aussah, fühlte ich mich im Freibad einfach fehl am Platz. Meine Laune sank von Stunde zu Stunde und war gegen Abend des dritten Tages auf dem absoluten Nullpunkt. Zu allem Überfluss sah ich auf dem Heimweg vom Freibad auch noch das Auto von meinem Exfreund vorbeifahren, und dann war es vorbei. Ich kam nach Hause und meine Tränen rollten mir schon über die Wangen, als ich noch nicht einmal meinen Haustürschlüssel im Schlüsselloch stecken hatte.

Doch in dem Moment, als ich dort in diesem Kernspintomographen lag und meinen Albtraum noch einmal Revue passieren lies, wurde mir klar, wie dankbar ich sein musste. Wie dankbar ich dafür sein musste, dass ich in diesem Jahr und mit dieser Krankheit überhaupt ins Freibad durfte. Völlig dahingestellt, wie ich aussah und wen ich traf, alles, was zählte war, wie fit ich körperlich und gesundheitlich war. Die Hauptsache war, dass ich lebte.

Nun lag ich da, zur Hälfte in dieser Röhre und starrte auf diese Maschine, geschlagene eineinhalb Stunden durfte ich mich keinen Zentimeter bewegen. Überall klebten bunte Tiere auf diesem monströsen Gerät und draußen im Wartebereich stand dieses Gerät in Kleinformat aus Holz, für die Kinder, damit sie die Angst vor diesem hämmernden Ungetüm verloren. Doch selbst dieses Holzmonster kam nicht gegen meine Angst an. Keiner, der diese Krankheit nicht durchmachte, kann sich vorstellen, was für eine Angst in einem aufkam, bei jeder Routineuntersuchung, bei jedem Röntgen, bei jedem MRT. Sobald eine Untersuchung länger dauerte als normal, sobald der Arzt, der einen untersuchte, die Stirn runzelte oder seine Miene nur ein wenig verzog, keimte diese

Panik in einem auf – diese Panik davor, noch einen Schlag ins Genick zu bekommen, jetzt, wo man doch schon so gekämpft hatte. Von meinem Tumor war schon im Dezember des vorigen Jahres nichts mehr vorhanden, ich hatte bereits sieben Chemos und vierunddreißig Bestrahlungen hinter mir, es war folglich also nahezu unmöglich, dass bei dieser Untersuchung etwas Ungewöhnliches entdeckt werden würde. Operiert werden würde ich, das wusste ich. Und dass ich Krebs hatte, wusste ich auch. Was sollte dann jetzt noch Schlimmeres kommen? Trotzdem hatte ich Angst. Angst davor, dass der ganze Albtraum von vorn beginnen könnte. Doch es hatte sich nichts verändert, wie die Ärztin mir hinterher sagte. Die Bilder dienten nicht einmal einer Verlaufskontrolle, sie waren lediglich dafür, dass man sich das Ganze noch einmal genau anschauen konnte, bevor ich in der darauffolgenden Woche operiert werden würde. Sie hätten in den letzten Bildern wohl etwas zwischen meinem großen und dem zweiten Zeh gesehen, und die Chefärzte waren sich noch nicht einig, was es genau war. Ob es ein vom Tumor angegriffenes Gewebe war und man den zweiten Zehenstrang auch entfernen und rekonstruieren musste, oder ob dieses Gewebe mit dem Tumor nichts zu tun hatte. War das der Fall, dann würde ich nur meinen großen Zeh verlieren. Das entschied sich aber ohnehin erst nach dem Wochenende. Ich war einfach nur heilfroh, dass sich nichts verändert hatte, dass alles beim Alten blieb. Dass meine Problemchen, die ich in den letzten Wochen hatte, meine Problemchen blieben und sie nicht wieder einem viel, viel größeren Problem, der Angst um mein Leben, weichen mussten.

Auch wenn diese Alltagsproblemchen wirklich nichts waren im Vergleich zu dem, was ich im letzten halben Jahr alles durchgemacht hatte, konnte ich sie trotz allem nicht ganz verdrängen. Ich war zwar froh, dass es mir wieder so gut ging, dass ich mir wieder um Kleinigkeiten des Lebens Gedanken machen konnte. Aber vielleicht waren genau deshalb diese Alltagsproblemchen das, was mir ab und zu die Kraft raubte.

Ich hatte eine gute Freundin, sie war auch Single – ungefähr genau so lange wie ich. Aber sie war gesund und konnte ihr Singleleben in vollen Zügen genießen, im Gegensatz zu mir. Ich hatte zwar ab und an auch Männer kennengelernt, die sich für mich interessierten, aber irgendwie wurde jedem meine Krankheit dann doch irgendwann zu kompliziert und ich hörte nichts mehr von ihnen, was mir jedoch auch nie ganz unrecht war. Vielleicht lag es mitunter auch an mir, ich wollte einfach niemandem zur Last fallen und – was noch von größerer Bedeutung war – ich wollte nicht dasselbe noch mal erleben, was ich im Januar bereits mit meinem Exfreund erlebt hatte. Ich wollte nicht mehr nächtelang wach liegen, nicht schlafen können, und wenn ich dann doch endlich in den Schlaf gefunden hatte, auch noch von ihm träumen. Ich wollte in diesem Jahr, in dem es mir körperlich nicht immer wirklich gut ging, nicht auch noch mit Liebeskummer zu tun haben, ich hatte mit der Therapie schon wahrlich genug zu kämpfen. Ich wollte nicht wieder am Wochenende in der Klinik liegen und hoffen, dass mein Freund nicht fremdging, oder, was noch viel schlimmer war, mitbekommen, dass er es doch tat. Ich musste dieses beschissene Jahr einfach verdammt noch mal alleine durchstehen. Doch niemand konnte auch nur ansatzweise nachvollziehen, wie ich mich fühlte, wie ich mich fühlte, wenn Freundinnen anriefen und mir erzählten, wie toll doch ihr Wochenende war und wie glücklich sie waren, weil sie sich frisch verliebt hatten. Ich war froh darüber, dass ich so viele Freundinnen hatte, wenn ich darüber nachdachte, wie alleine ich doch im Januar noch dastand. Trotz allem war es schwer, von den anderen zu hören, dass sie sich verliebt hatten oder dass sie etwas wahnsinnig Tolles erlebt hatten. Ich war gleichzeitig Seelenklempnerin und Psychiaterin, ich hörte zu, wenn etwas Schönes passiert war, und ich hörte zu, wenn sie unglücklich verliebt waren. Ich hörte zu, wenn sie Beziehungsprobleme hatten, und ich hörte zu, wenn sie andere Dinge auf dem Herzen hatten, weil ich es gern tat und eben einfach die Zeit dazu hatte.

Ich selbst redete selten über die Gedanken und all die Ängste, die ich hatte. Ich hielt alle, so gut es ging, aus meiner Krankheitsgeschichte raus. Ich redete mit meiner Mutter und mit anderen Kranken, aber kaum mit meinen Freundinnen. Ich bin sicher, sie hätten mir zugehört und sie taten es auch. Aber die Gefühle und meine Panik, die ich vor jeder Untersuchung und der Operation hatte, konnte einfach niemand nachvollziehen. Ich redete nicht darüber, wie es sich anfühlte, draußen gewesen zu sein, in der „gesunden" Welt. Wie man sich fühlte, wenn man aus war, geschminkt war, wenn einem draußen auf der Straße niemand ansah, wie schwer krank man war und wie es sich dann anfühlte, nach Hause zu kommen, sich im Spiegel anzuschauen und seine Perücke vom Kopf zu ziehen. Wie nackt und hilflos man sich vorkam, wie es jedes Mal aufs Neue schmerzte. Sie hätten es ganz bestimmt verstanden, aber sie hätten es nie nachvollziehen können. Ich lebte momentan einfach in einer anderen Welt als sie. Für die meisten von ihnen war es der Weltuntergang, wenn eine Freundin über sie lästerte oder wenn eine Beziehung auseinanderbrach. Doch was sollte ich sagen? Ich hatte nicht nur meine Gesundheit und meine Haare verloren, sondern gleichzeitig auch meine erste große Liebe, meine Ausbildung und mein ganz normales Leben. Das alles auf einmal. Jeder der gesund war, klagte über den Alltag, ständig derselbe Trott, tagein, tagaus. Ich wäre froh gewesen, wenn dieser Alltag bei mir wieder eingekehrt wäre. Doch ich wachte morgens auf und mir schossen gleich sämtliche Gedanken durch den Kopf. Anfangs erschrak ich jeden Morgen, erschrak vor der Realität. „Irgendwann", dachte ich, „irgendwann wirst du aufwachen, und alles sofort realisieren." Doch ich wusste nicht, ob das besser war, denn die Momente, in denen ich alles für einen Augenblick vergessen hatte, waren ein Segen.

Augen zu und durch

Es war Ende August und meine Operation stand unmittelbar vor der Tür. In diesen Tagen bekam ich eine E-Mail von einem Bekannten. Ich kannte ihn nur flüchtig von meinem Exfreund und eigentlich hatte ich mit ihm noch kaum ein Wort gewechselt. Er schrieb mir, dass ihm meine Krankheit Leid tat und dass seine Tante Brustkrebs hatte und ein Jahr lang therapiert wurde. Dann war sie gesund. Ein Jahr später bekam sie einen Rückfall und starb. Deshalb tat ihm mein Schicksal so unglaublich leid. Das war das Schlimmste. Die Horrorgeschichten der anderen und das Mitleid. Ich wartete immer noch vergeblich darauf, dass der Postbote bei uns klingelte, ich ihm öffnete und er mir ein Paket überreichte. Mit den Worten: „Hier, für Sie, ein Päckchen Mitleid, das bringe ich Ihnen jetzt täglich." Was ich dafür ständig hörte, waren die Worte: „Das wird schon wieder." Ich konnte diesen Satz nicht mehr hören. Die mitleidigen Blicke anderer Leute, wenn ich keine Perücke aufhatte, sondern nur ein Tuch um meine Glatze gewickelt hatte. „Wir beten alle für Dich", Sprüche, bei denen ich mir vorkam, als hätte mein letztes Stündlein geschlagen. „Irgendwann kommt einer, der mag dich. Auch ohne Zeh." „Deine Haare kommen hinterher wieder, und sie werden viel schöner als vorher." Danke, darüber war ich bestens informiert. Und noch etwas: Meine Glatze und mein fehlender Zeh waren in dieser schrecklichen Zeit wahrlich meine kleinsten Probleme. Ich hatte es satt. Ich wollte nicht länger „die Kranke" sein, die allen nur Leid tat. Ich wollte nicht ständig darauf aufmerksam gemacht werden, dass ich anders war als die anderen, nur weil ich krank war. Deshalb genoss ich die Zeit mit meiner Cousine, mit meinen Kumpels und Freundinnen, die mich behandelten wie früher. Deshalb war ich froh, dass mein Bruder sich mit mir noch genau so oft zankte wie früher. Und ich war froh, dass ich gelernt hatte, mir die Menschen herauszupicken, mit denen es mir gut ging.

Eine Freundin aus der Klinik hatte immer ein Tuch über ihre Chemo gehängt, aus psychologischen Gründen. Damit sie sich das ganze Elend nicht ansehen musste. „Wer eine Glatze hat, ist über sich selbst hinausgewachsen", „Hau mich um, ich bin zum Kotzen". Sprüche, die ihr Freunde auf dieses weiße, steril wirkende Tuch geschrieben hatten und Sprüche, die mir bis heute nicht aus dem Kopf gingen. Wir kranke waren viel lieber mit solchen Menschen zusammen. Menschen, die uns auf andere Gedanken brachten und Witze über unsere Glatzen machten. Nicht mit solchen, die schon von vornherein Panik hatten, uns überhaupt auf die Krankheit anzusprechen und dabei meinten, sie müssten uns selbst noch nach einem Jahr Intensivtherapie motivieren. Das Leben war einfach viel zu schön und viel zu lustig, um in Depressionen zu verfallen. Das merkte ich leider erst jetzt, nachdem ich meines beinahe verloren hatte.

Zweimal musste ich noch schlafen, dann war er da, der Tag X. Der Tag, auf den ich schon eine gefühlte Ewigkeit gewartet hatte. Der Tag der OP. Zwölf Stunden hatten die Ärzte eingeplant mich zu operieren. Die Ärzte hatten sich entschieden, doch nur meinen großen Zeh zu amputieren. Nun hatten sie vor, den kompletten Knochenstrang des großen Zehs zu entfernen und dann den Ballen bis zum Mittelfußknochen zu rekonstruieren. Sie wollten meine alten Knochen „ausräumen" und durch Eigenknochen ersetzen. Sie hatten vor, mir Knochen, Muskeln, Arterien und Venen aus dem Schulterblatt zu entnehmen, umzuformen und am Fuß dort einzusetzen, wo sie zuvor die Knochen samt Gewebe entfernt hatten. Ich war aufgeregt, sehr sogar. Schon sonntags hatte ich den ganzen Tag Durchfall, weil ich wahnsinnig Schiss vor der Operation hatte – im wahrsten Sinne des Wortes. Es würde schwer werden, das war mir klar. Doch ich war froh, dass es endlich soweit war. Ich konnte mir schon gar nicht mehr vorstellen, wie es sein würde, normal laufen zu können. Ohne ständig entweder an Krücken zu gehen oder eben komisch herumzuhumpeln. Wenn ich die Operation hinter mir hatte, dann war das Schlimmste geschafft. Dann war der Berg überwunden. Dann war da ein Licht am Ende des Tunnels.

Meine Aufregung vor der Operation war riesig. Ich hatte das Gefühl, ich würde das alles nicht schaffen. Nach den Sommermonaten, in denen ich mich schon wieder so sehr an das normale Leben gewöhnt hatte, stand ich jetzt vor diesem Berg und hätte mir gewünscht, ich könnte zumindest einen kurzen Blick hinüber auf die andere Seite werfen. Nur für einen kurzen Moment, um zu sehen, ob sich das ganze Kämpfen auch lohnte.

Zwei Tage vor meiner Operation kam meine Mutter zu mir ins Zimmer und drückte mir einen kleinen Schornsteinfeger aus Ton in die Hand. Als ich im vorherigen Jahr in Sindelfingen operiert wurde, bevor überhaupt irgendjemand wusste, dass ich Krebs haben könnte, bekam ich ihn von meiner Oma geschenkt, als Glücksbringer eben. Er fiel mir damals im Krankenhaus vom Nachttisch und zersprang in mehrere Teile. Francesco nahm ihn damals mit nach Hause und klebte ihn wieder zusammen. Als er mich das nächste Mal besuchte, brachte er ihn wieder mit, doch es fehlte ein Stück. Ein Stück vom vorderen Teil seines Fußes, als wäre es ein Omen gewesen. Und genau diesen Schornsteinfeger hielt ich nun zwei Tage vor meiner großen Operation wieder in den Händen. Tatsächlich, vor einem knappen Jahr hatten wir uns noch darüber amüsiert, dass dieser Tonfigur genau der Teil fehlte, der bei mir operiert werden sollte. Mir wurde mulmig, als ich darüber nachdachte, dass mir nun genau dieser Teil amputiert werden sollte. Vielleicht war es auch wirklich nur Zufall. Aber vielleicht war es doch schon vorherbestimmt und vielleicht musste es einfach so sein, wie es war. Vielleicht war es Schicksal.

Ich checkte einen Tag vor der Operation im Krankenhaus ein, morgens um zehn Uhr sollte ich dort sein und ich war pünktlich. Diesmal lag ich nicht auf der Kinderkrebsstation, sondern auf der Erwachsenen-Orthopädie, auf der ich im Jahr zuvor schon lag. Ich teilte mir mein Zimmer, das mir im Gegensatz zu den Zimmern auf K1 riesengroß erschien, in der ersten Nacht mit einem fünfzehnjährigen Mädchen. Ich war aufgeregt und hatte immer noch ein wenig Angst. Weniger vor der Operation als vielmehr vor der Zeit, die ich hinterher auf der Intensivstation verbringen sollte und bettlägerig war. Doch es kam alles anders, als ich es eigentlich geplant hatte. Als wäre ich nicht schon aufgeregt genug gewesen, kam ein Vertretungsarzt, der wohl als mitoperierender Arzt auf der Operationsliste für den nächsten Tag stand. Dieser erklärte mir in einer sehr kritischen Sichtweise, auf was ich mich da morgen einließ. Eigentlich war alles geklärt. Mir sollte Knochen und Gewebe vom Schulterblatt in den Fuß verpflanzt werden, und wir waren heilfroh über diesen Entschluss der Ärzte. Wenn alles gut verlief, würde ich in Zukunft normal laufen können, nur eben ohne großen Zeh. Über ein halbes Jahr war überhaupt nicht klar gewesen, wie bei mir diese Tumoroperation überhaupt aussehen sollte und ob ich nicht vielleicht sogar gut ein Drittel meines Fußes verlieren würde. Sämtliche Kliniken, die Studienzentrale und Ärzte aus aller Welt, die sich glücklicherweise in diesem Jahr alle auf einem Kongress zum Thema Knochentumore in Stuttgart zusammenfanden, wurden zu Rate gezogen. Es dauerte also bald acht

Monate, bis man endlich das Konzept für diese Operation festgelegt hatte und einer der besten plastischen Chirurgen Stuttgarts, nein Deutschlands, wollte mich operieren. Es war alles wie ein Sechser im Lotto, alles passte perfekt zusammen, bis sich am Abend vor der Operation das Blatt wendete. Als hätte es nicht schon gereicht, dass ich am Tag darauf eine zwölfstündige Operation vor mir und eine Ewigkeit der Ungewissheit hinter mir hatte, war es mir einfach nicht gegönnt, mich am Vorabend noch ein kleines bisschen abzulenken. Zwölf Stunden vor der Operation kam dieser Vertretungsarzt zu mir und begann mir zu erzählen, auf welche Risiken und Gefahren ich mich einlassen würde, und welchen angeblich fragwürdigen Nutzen ich davon hätte. Er sprach von Spezialschuhen, einer riesigen Narbe auf dem Rücken, Durchblutungsstörungen, Komplikationen während der Operation, drei Tagen Nachbehandlung auf der Intensivstation, ständiger Überwachung. Und das alles angeblich für ein Ergebnis, das absolut nicht überzeugen würde. Ich hätte nach der Operation einen Klumpen aus Fett und Haut an meinem Fuß hängen, hätte nie mehr Gefühl in dieser transplantierten Haut. Würde in keinen normalen Schuh hineinpassen und wenn, dann würde ich mir Blasen und Löcher in den Fuß laufen und es nicht merken, weil alles taub wäre. Man könnte ein vergleichbares Ergebnis auch erzielen, in dem man den großen und den Zeh daneben samt der Knochenstränge bis zum Mittelfußknochen einfach amputieren würde. Die Operation würde nur gute zwei und keine zwölf Stunden dauern und die Kirsche auf dem angedrehten Kuchen war, dass ich auf meinem Rücken nachher keine fünfzehn Zentimeter lange und zwei Zentimeter dicke Narbe hätte. Man würde mir, wenn ich mich für seine Variante der Operation entscheiden würde, in normalen Schuhen also nicht einmal anmerken, dass mir etwas fehlte. Nun saß ich da, Angst hatte ich sowieso vor dem nächsten Tag und noch mehr vor den darauf folgenden. Am Tag vor solch einer riesigen Operation hatte man ohnehin schon genug damit zu tun, sich zusammenzureißen und nicht abzuhauen oder gar Amok zu laufen. Aber ich sollte in diesem Zustand auch noch eine vernünftige Diskussion führen und die wichtigste Entscheidung in meinem bisherigen Leben treffen, die sich auf mein komplettes Leben auswirken würde.

An solch einem Tag wünschte man sich nichts anderes, als dass die Tür aufging, ein Arzt hereinkam und sagte, dass alles halb so wild wäre, dass man das alles auch einfacher hinbekommen könnte und dass er die zündende Idee hätte. Was würde man anderes machen, als ihm förmlich um den Hals zu springen? Ihm vor Dank die Füße zu küssen dafür, dass er einen aus dieser ausweglosen und gefährlichen Situation gerettet hatte. Doch so einfach war das nicht. Seit über einem halben Jahr zerbrach sich Gott und die Welt den Kopf darüber, wie man meinen Fuß am besten rekonstruieren könnte. Und das am besten noch so, dass ich in meiner Funktion nicht allzu sehr eingeschränkt war. Außerdem sollte das Ganze auch noch einigermaßen ordentlich aussehen. Da zermarterten sich ein Dutzend Ärzte den Kopf, allen voran Herr Prof. Dr. G., der Chirurg mit dem besten Ruf, bundesweit. Und dann kam da am Abend vorher ein Arzt und wollte dieses mühevoll geplante und durchdachte Vorhaben zunichte machen, weil er sich morgens meine Röntgenbilder angeschaut hatte und meinte, man könne das gleiche Ergebnis auch damit erreichen, in dem man mir diesen Körperteil einfach amputierte. Mein Vater saß bei dem Gespräch mit dabei, doch er enthielt sich völlig. Er war nicht mehr mein Erziehungsberechtigter und somit kein Vormund mehr, sondern nur noch Zeuge. Ich musste diese Entscheidung selbst treffen. Mir ging alles Mögliche durch den Kopf und am einfachsten schien es mir, einfach aufzustehen und zu gehen. Zwölf Stunden vor der Operation vor solch eine Wahl gestellt zu werden, übertraf all meine negativen

Vorstellungen die ich von diesem Krankenhausaufenthalt hatte um ein Vielfaches, und das, obwohl die Operation noch nicht einmal begonnen hatte. Nachdem wir mit diesem Arzt eine gute Stunde diskutiert hatten, stieß der Professor zu unserem Gespräch hinzu, und es herrschte auf einmal das totale Chaos. Der Arzt, der die Fragen, die nun in mir aufgekommen waren, ausgelöst hatte, saß bei diesem Gespräch nur da und schaute abwechselnd den Professor, meinen Vater und dann mich an. Auch die Frage des Professors, was vorgefallen war, dass ich mir dieser Operation jetzt plötzlich nicht mehr sicher war, beantwortete der Arzt nicht, mit keinem Ton. Ich saß vor diesem Professor, der eine Koryphäe auf seinem Gebiet war und wäre am liebsten davongelaufen. Dieser Mann, der eigentlich schon in Rente war und mich nur operierte, weil er ein Herz für krebskranke Kinder hatte, sah mich nur fragend an und ich wusste wirklich nicht, was ich sagen sollte. Zweimal drohte er an, dass er die Operation am nächsten Tag nicht durchführen würde. Zweimal hatte ich mich irgendwie herausgeredet. Er erklärte mir sein komplettes Konzept noch mal. Ich würde wieder Gefühl bekommen, in diesem transplantierten „Lappen". Und die Fußsohle würde er so lassen, wie sie war, ich würde also auf jeden Fall spüren, wenn ich mir Blasen lief oder der Schuh sonst irgendwo drückte. Er konnte Statistiken vorweisen, bei wie vielen Operationen es zu Komplikationen kam und mein Vater und ich konnten uns nicht vorstellen, dass sich so viele Ärzte zusammensetzten, um ein Konzept zu entwickeln, das genau so sinnvoll war wie eine Amputation. Ich entschied mich also, trotz meiner Nervosität und Angst vor dem nächsten Tag, für die zwölfstündige Operation. Ich hätte es bereut, hätte ich es nicht getan.

Als alle Unklarheiten beseitigt waren, ging ich wieder zurück auf mein Zimmer und schaute mir mit meiner Bettnachbarin noch eine DVD an. Wir schliefen erst ziemlich spät ein, dafür aber sehr entspannt, obwohl sie, wie auch ich, am nächsten Morgen operiert werden sollten. Eine Schwester weckte uns um kurz nach sechs, und wir hätten am Abend zuvor doch besser früh schlafen sollen. Wir waren beide hundemüde. Verschlafen versuchten wir uns langsam aufzurappeln und uns vor der Operation noch zu waschen. Mit den Worten: „Die außerordentlich modischen Trendteile sind, wie im vorherigen Jahr, in schlichtem Weiß gehalten. Auffällig, wie immer, der freie Rücken, der bisher in jeder Kollektion zu finden war", überreichte uns die Krankenschwester unsere OP-Hemdchen, und wir schmissen uns in Schale. Eine halbe Stunde bevor sie mich in Narkose legten, warf ich meine Beruhigungstablette ein und verschlief doch tatsächlich alles und bekam nicht einmal wirklich mit, wie sie mir den Zugang für die Narkose legten. Augen zu und durch.

Um 22 Uhr, es waren in der Zwischenzeit gut vierzehn Stunden vergangen, erwachte ich langsam. Das Erste woran ich mich erinnern konnte, war, dass ich verschwommen einen Arzt neben mir stehen sah, dessen Arme übersät waren mit Tattoos. Ihn hatte ich nach meinen letzten beiden OPs auch schon gesehen und so fragte ich ihn: „Gehen wir jetzt Party machen?" Ich muss wieder eingeschlafen sein, denn ich bin mir ziemlich sicher, folgende Szene nur geträumt zu haben. Ich sah zwei Ärzte, die darüber diskutierten, ob sie mir ein Medikament gegen Übelkeit geben sollten oder nicht. Der eine Arzt war dafür, der andere dagegen. Am Ende schlossen sie eine Wette darüber ab, ob ich mich nach der Narkose übergeben musste oder nicht, ihr Wetteinsatz war ein Bier. Ich schrie aus voller Kehle: „Ich trink dann aber auch eins mit." Diesen Satz schrie ich wahrscheinlich nicht nur im Traum, sondern auch in Realität auf der Intensivstation, auf die sie mich in der Zwischenzeit gelegt hatten. Als ich durch mein eigenes Geschrei aufgewacht war, sah ich, dass mein Vater bereits neben mir am Bett saß. Ich konnte sogar den Professor, der mich operiert hatte, selbst fragen, wie die OP verlaufen war. Er versicherte mir, dass alles super lief und ich jetzt doch noch ein wenig schlafen solle. Der hatte Vorstellungen. Ich hatte doch den ganzen Tag verschlafen und sollte mich jetzt schon wieder hinlegen. Ich versuchte es, doch es funktionierte nicht wirklich. Ich nickte immer nur kurz ein, hatte das Gefühl, ich hätte eine Ewigkeit geschlafen, aber als ich einen Blick auf die Uhr warf, waren jedes Mal erst zehn Minuten vergangen. Irgendwie verging diese Nacht dann doch und, Wunder oh Wunder, bereits am nächsten Morgen durfte ich auf die Normalstation, da die Intensivstation völlig überfüllt war. Ich bekam ein Einzelzimmer, das mit all den Gerätschaften, die ich an mir und meinen Schläuchen hängen hatte, einem Zimmer auf der Intensivstation in etwa gleich kam. Ich hatte eine Nadel im Handgelenk stecken, genau dort, wo man sonst den Puls fühlen konnte und einen ziemlich unangenehmen Blasenkatheter. Ich war an ein EKG- und Blutdruckgerät angeschlossen und hatte eine Drainage in der Wunde auf meinem Rücken. Durch diese Wunde verlor ich in den ersten Tagen nach der Operation täglich über einen halben Liter Blut. Ich hatte eine Sauerstoffmaske auf und brauchte eine Sitzwache. Eine Krankenschwester saß den geschlagenen Tag und natürlich die ganze Nacht neben mir behielt mich im Auge. Es war anstrengend, und ich hatte absolut keine Intimsphäre mehr. Ich musste mich im Bett waschen, ich musste im Bett essen und ich musste im Bett aufs Klo. Genauer gesagt, bekam ich einen Topf unter meinen Po geschoben und darauf musste ich dann für die nächsten eineinhalb Wochen meine Geschäfte verrichten.

Als wäre das alles nicht schon schlimm genug gewesen, bekam ich am vierten Tag nach der Operation heftige Durchfälle. Glücklicherweise hatte ich die Sitzwachen bereits los. Es war schon peinlich genug, zweimal in der Stunde zu klingeln, weil mein Durchfall es eben mal wieder ganz eilig hatte, und so verbreitete sich nach jeder Sitzung ein herrlicher Duft in meinem Zimmer, der so gar nicht nach Veilchen und Rosen roch. Es war einfach nur peinlich und dabei hatte mir gerade noch eine Krankenschwester gefehlt, die das ganze Spektakel auf den besten Plätzen mitverfolgen konnte. Es war schrecklich, ich musste mich so kurz nach der Operation auf diesen Topf quälen und am besten auch noch das Gleichgewicht halten. Das Ganze mit völlig umgebautem Vorderfuß und einer fünfzehn Zentimeter langen Wunde auf dem Rücken, aus der eine Drainage baumelte. Ich hatte mir durch das Antibiotikum, welches ich intravenös verabreicht bekam, mal wieder die Infektion mit Clostridien geholt. Das waren die Darmbakterien, deretwegen ich im Januar auf der Intensivstation gelandet war. Ich war somit den ganzen vierten, fünften und sechsten Tag nach der Operation damit beschäftigt, mich auf den Topf zu setzen und mir im Bett meinen Po zu wischen. Es war ekelhaft und anstrengend. Als das Antibiotikum gegen die Clostridien nach zwei Tagen endlich anschlug, ging es hier nur noch darum, die Zeit hier abzuliegen und darauf zu warten, dass ich endlich wieder nach Hause durfte.

Kaum einer konnte nachvollziehen, wie es mir zu dieser Zeit ging. Eigentlich dachte ich, wenn ich diese Operation hinter mir hätte, wäre alles vorbei, wäre alles gut. Doch irgendwie wollte meine Laune sich nicht bessern. Ich konnte mich überhaupt nicht darüber freuen, dass ich nun das Allerschlimmste überstanden hatte. Im Gegenteil, ich fiel regelrecht in ein psychisches Loch. Es begann damit, dass ich nicht mehr schlafen konnte und keinen Hunger mehr hatte. Die Tage wollten einfach nicht vergehen, und ich hatte auch nicht wirklich Lust darauf, Besuch zu empfangen. Ich lag eineinhalb Wochen nach der Operation immer noch den ganzen Tag im Bett und bemitleidete mich selber. Ich weinte mehr, als ich wahrscheinlich im ganzen vergangenen halben Jahr geweint hatte, und ich lies mich so richtig gehen. Zwar schminkte ich mich morgens und konnte mich auch kurz aufrappeln, aber spätestens am frühen Nachmittag bekam ich wieder eines meiner Tiefs und heulte wie ein Schlosshund – das Schminken hätte ich mir morgens also gut und gerne schenken können. Meine Laune kam jedoch nicht von ungefähr. Ich hatte mich in der letzten Zeit einfach viel zu sehr an das normale Leben gewöhnt, hatte gelebt, als gehörte ich zu den Gesunden. Dabei gehörte ich nicht zu ihnen, noch nicht. Das wurde mir jetzt klar, deutlicher als je zuvor. Es war jetzt also real, ich konnte es nicht weiter vor mir herschieben oder versuchen zu verdrängen. Mein Zeh war weg. Zwar hatte der Professor eine tolle Arbeit geleistet, trotzdem erschrak ich, als ich meinen rechten Fuß zum ersten Mal ohne dicken Watteverband und eben auch ohne großen Zeh sah. Mein Zeh fehlte und mein rechtes Schulterblatt zierte seither eine fünfzehn Zentimeter lange, Y-förmige Narbe. Ich hatte nun also „ein Ei aus Haut und Knochen", wie der Arzt am Tag vor meiner Operation zu sagen pflegte, an meinem Fuß hängen. Und ich hatte eine dicke Narbe quer über meinem Schulterblatt. Man sah einfach sofort, dass da etwas Großes passiert war. Doch ich musste mich noch glücklich schätzen. Ich hatte nur meine große Zehe verloren, nicht mein ganzes Bein. Doch andererseits gab es immer welche, denen es schlechter ging, und ich konnte und wollte mich in dieser Zeit nicht mehr damit trösten, dass ich noch einmal Glück im Unglück hatte. Außerdem kam ich in den Tagen, an denen ich mich kaum bewegen durfte, auf dumme Gedanken. Alles, was ich in den letzten Wochen und Monaten überspielt hatte, vielleicht auch weil ich dachte, ich hätte es verarbeitet, kam langsam in mir hoch.

So schnell ging das Verarbeiten nun mal nicht. Vor allem nicht, wenn man noch mittendrin steckte, in dieser Scheiße, die man eigentlich am liebsten schon hinter sich gehabt hätte. Ich ging im Kopf noch einmal alles durch, was in den ganzen vergangenen Monaten passiert war.

Am härtesten traf es mich am 1. September. Damals war es genau ein Jahr her, dass ich mit Francesco in den Urlaub gefahren war. Ich versuchte nicht darüber nachzudenken, aber allein durch meinen krampfhaften Versuch, nicht daran zu denken, bekam ich es nicht mehr aus meinem Kopf. Zu allem Überfluss kam an diesen Tag auch noch ein Bericht über den Gardasee im Fernsehen und prompt hatte ich wieder Tränen in den Augen. Ich hasste es. Ich hasste es, daran zu denken, wie es mir ging, als ich herausfand, was er hinter meinem Rücken trieb. Und noch viel mehr hasste ich die Tatsache, dass es mich immer noch, ein Dreivierteljahr später, innerlich zum Brodeln brachte, wenn ich nur an ihn dachte. Dabei war ich doch jetzt so weit. Ich hatte mich in den letzten Monaten verändert und weiterentwickelt. Ich war nicht nur äußerlich, sondern auch und vor allem innerlich nicht mehr mit dem Mädchen vergleichbar, das ich noch vor einem Jahr gewesen war. Ich war einerseits so wahnsinnig stolz, stolz darauf, dass ich diese schwere Zeit alleine geschafft hatte und meine Laune und mein Befinden nicht mehr von irgendeinem Mann abhängig machen musste. Gleichzeitig war ich aber auch so unendlich tief verletzt, dass ich es mir kaum vorstellen konnte, einem Mann einmal wieder vertrauen zu können. Ihm glauben zu können, dass er bei mir bleibt, in guten wie in schlechten Zeiten, und mich nicht bei dem ersten Problem, das aufkommt, stehen lässt. Allein. Ganz allein.

Ich hatte mir vorgenommen, erst wieder eine Beziehung einzugehen, wenn ich ganz über meinen Exfreund hinweg war, doch das würde ich wohl nie schaffen. Es war auch nicht die Liebe oder die Sehnsucht, die mich noch an diesen Menschen denken ließ, sondern es war die Wut, die Enttäuschung, der Hass und der Schmerz. Vielleicht musste ich mich jetzt einfach auf einen neuen Mann einlassen, um mit dem alten abschließen zu können, um wieder zu erleben, dass man ihnen doch vertrauen konnte, diesen Männern, dass nicht jeder Mann eine Frau erniedrigte, indem er sie einfach gegen eine gesunde austauschte. Dann, wenn die alte nicht mehr ganz so funktionierte, wie Mann es gern gehabt hätte. Es musste einfach etwas Neues beginnen, und das geschah schneller als gedacht. Es gab da einen Menschen, für den ich nach dieser Zeit, in der ich alleine war, immer mehr fühlte, obwohl ich mich so dagegen wehrte, obwohl ich mir und vor allem Ingrid, meiner Lieblingsschwester, doch geschworen hatte, dass mir so etwas während meiner Therapie nicht noch einmal passieren würde. Ich erzählte niemandem von ihm. Nicht einmal er selbst wusste Bescheid.

Die Tage, die ich am liebsten bereits morgens schon vergessen hätte, waren endlich gezählt. Ich durfte knapp zehn Tage nach der Operation wieder aufstehen und im Rollstuhl auch nach draußen. Mir ging es von Tag zu Tag besser, und es begann die Zeit, in der das Herumliegen langweilig wurde. Das Krankenhausessen schmeckte mir nicht mehr und Frühstück bekam ich schon gar keines mehr, da ich es nicht einmal anrührte. Ich bestellte fast täglich Pizza oder Pasta beim Italiener, der bis an mein Bett lieferte. Freunde brachten mich auf andere Gedanken, und so verging die letzte Woche eigentlich recht schnell. Es war fast Mitte September. Laut Protokoll wäre ich in diesem Monat mit meiner Therapie fertig gewesen, doch da waren die Zwischenfälle nicht mitberechnet. Die Krankenhausaufenthalte zwischen den Chemos wegen Fieber, die mich regelmäßig außer Gefecht setzten, auch meine Bestrahlung waren noch nicht mit einberechnet, und außerdem lief sowieso nie etwas nach Plan. Das war eines der wichtigsten Dinge, die ich im vergangenen Jahr gelernt hatte, dass das Leben genau dann zuschlug, wenn man gerade dabei war, etwas ganz anderes zu planen. Trotzdem hatte ich die Therapie bis jetzt gut überstanden. Ja, drei Viertel meiner Therapie waren geschafft, sieben Chemos, Bestrahlung und Operation hatte ich hinter mir. Vor mir lagen noch weitere sieben Chemoblöcke und somit wohl noch mindestens ein weiteres halbes Jahr Therapie. Doch ganz unerwartet gab es eine weitere Therapieform, die ebenfalls nicht in meinem Protokoll stand. Stephan hieß diese neue Therapie; er war 23 Jahre alt, fast 2 Meter groß, gutaussehend und therapierte mich, in dem er mich auf andere Gedanken brachte. Kennengelernt hatte ich ihn über das Internet. An dieser Stelle hätte ich vor einem Jahr wahrscheinlich selbst gebrüllt vor Lachen. Ich hätte mir nie vorstellen können, dass ich mich einmal auf so etwas einlassen würde, doch ich tat es, und es tat mir gut. Er besuchte mich im Krankenhaus nach meiner Operation, ein paarmal. Er musste sogar einen dieser hässlichen Schutzkittel tragen, als ich noch diese Clostridieninfektion hatte, und er sah selbst in diesem hässlichen Gelb einfach unwiderstehlich aus. Ich versuchte, ihn mir auszureden, versuchte, ihn mir schlecht zu reden. Darin hatte ich Talent. Wenn ich mir nämlich etwas schlecht reden wollte, dann klappte das auch ohne größere Probleme. Doch dieses Mal nicht.

Anfangs besuchte er mich, um mir DVDs zu bringen, dass mir nicht allzu langweilig wurde, brachte mir Musik mit und lenkte mich einfach nur ab. Ich kannte ihn bereits seit über einem Vierteljahr, traf mich öfters mit ihm, wenn es meine Blutwerte zuließen. Und ich dachte eigentlich, einen richtig guten Freund in ihm gefunden zu haben. Ich hätte nie gedacht, dass daraus einmal mehr werden könnte. Bis zu diesem einen

Abend im Krankenhaus, gut zwei Wochen nach meiner Operation. Es war ein Samstagabend und, anstatt mit seinen Freunden feiern zu gehen, das Wochenende zu genießen und einfach abzuschalten, kam er mich besuchen. Ich hatte ein Einzelzimmer auf der orthopädischen Station und hatte hier sowieso Sonderrechte. Die hatten wir krebskranken Kinder nämlich immer, wenn wir einmal nicht auf unserer Krebsstation lagen. Wenigstens ein Gutes hatte das ganze eben doch. Ich bekam alles, was ich wollte, musste nur einmal klingeln und die Schwestern lasen mir fast jeden Wunsch von den Augen ab. Somit war es auch kein Problem, dass Stephan an diesem Samstagabend bis zwei Uhr in der Nacht bei mir war. Wir redeten den ganzen Abend, er nahm mich im Rollstuhl mit nach draußen, und dort saßen wir, bis es dunkel wurde. Anschließend schauten wir eine DVD und bestellten uns eine Familienpizza, weil wir dachten, wir hätten einen Bärenhunger, schafften dann aber doch nur die Hälfte. Ich hatte den schönsten Samstagabend seit langem, und ich lachte so viel und so laut wie eine Ewigkeit nicht mehr. Vor diesem Abend dachte ich, Stephan wäre ein guter Freund, doch als wir gegessen hatten und dann zusammen am Fenster standen und so in die Nacht hinausschauten, grinste mich dieser zwei Meter große Mann mit seinen strahlend weißen Zähnen an. Er sah so unwiderstehlich aus und strich mir dann, ganz ohne Vorwarnung, sanft über meine Glatze. Ich möchte nicht wissen, mit welchem Gesichtsausdruck ich ihn in dem Moment anstarrte, als er seine Hand auf meinen nackten Kopf legte. Ich erschrak fürchterlich und fühlte mich in diesem Moment aber gleichzeitig so wohl, dass ich überhaupt nicht wusste, wohin mit meinen ganzen Gefühlen. Ich stand da und war total perplex, konnte kaum glauben, was da gerade passierte, und dieser Moment, der nur ein oder zwei Sekunden andauerte, veränderte für mich so viel, dass ich mir in den kommenden Tagen über meine Gefühle nicht mehr im Klaren war.

Ich wollte für diesen Mann nicht mehr fühlen als Freundschaft, ich hatte mir doch vorgenommen, auf die Männer nicht mehr hereinzufallen. Aber so sehr ich mich wehrte, es funktionierte nicht.

Am Tag nach diesem seltsamen Vorfall bekam ich einen Anruf von der Station K1. Ingrid hatte Dienst und wollte mich unbedingt sehen. Nachdem ich ihren Anschiss überlebt und sie mich hinterher wegen der Geschichte mit meinem Exfreund wieder aufgebaut hatte, verstand ich mich richtig gut mit ihr. Sie war in den letzten Monaten zu einer meiner Lieblingsschwestern geworden, und ich freute mich darauf, sie wiederzusehen. Sehr zu meiner Freude hatte auch Herr Dr. E. Dienst. Auch er war zu einem meiner absoluten Lieblingsärzte geworden. „Du musst dir jetzt also einen Zehennagel weniger lackieren?", fragte Ingrid, als mich mein Vater im Rollstuhl auf unsere Krebsstation schob. Sie und Herr Dr. E. strahlten über beide Ohren, als sie mich sahen, und Ingrid fragte, ob man mich eben kurz mieten könnte. Sie hätten ein neues Mädchen, sechzehn Jahre alt und sie sei sogar noch vor Anfang der Therapie. Seit vier Wochen lag sie hier auf Station und die Ärzte und Pathologen fanden einfach nicht heraus, um welche Art von Tumor es sich bei ihr handelte. Ich stellte mich auf das Schlimmste ein, dachte daran, wie es mir ging, vor gut einem Dreivierteljahr. Ich hatte täglich Rotz und Wasser geheult, wachte morgens auf, erschrak vor der Realität und wäre am liebsten auf der Stelle wieder eingeschlafen. Keiner konnte mich damals trösten, ich hatte panische Angst vor jedem, der einen weißen Kittel trug und hatte mit dem Leben beinahe schon abgeschlossen. „Du bist doch unsere Vorzeigepatientin, du machst das so toll, ich würde sie dir gerne vorstellen. Sie soll sich ein Beispiel an dir nehmen und sie soll sehen, dass man aus dieser Situation auch das Beste machen kann", sagte Ingrid und schaute mich dabei mit großen Augen an. In den letzten eineinhalb Wochen lag ich nur im Bett, hatte nichts zu tun und suchte eine Beschäftigungstherapie. Ich bekam ein Fotoalbum geschenkt und klebte meine Fotos ein, die ich vor einem Vierteljahr beim Fotograf hatte machen lassen. Auf jede Seite schrieb ich einen Spruch, der meine momentane Einstellung beschrieb und jeder, der sich dieses Fotoalbum angesehen hatte, war begeistert. Ich hatte nie im Leben mit solch einer positiven Resonanz gerechnet. Von jedem, der es gesehen hatte, wurde ich darauf angesprochen, und das machte mich wahnsinnig stolz. Sie würden diesem Mädchen gerne mein Fotoalbum zeigen, einfach um ihr Hoffnung zu geben, und ich sollte doch eben kurz zu ihr hineinschauen, sie würde sich sicher freuen. Ich saß noch im Rollstuhl, also schoben sie mich durch die Türe direkt zu ihr ans Bett. Da lag sie, konnte sich vor Schmerzen kaum rühren und den Kopf nicht einmal mehr zu mir herüberdrehen. Ich sah mich dort liegen, ganz am Anfang der Therapie. Ich sah dieses Mädchen da liegen und wusste einen Moment lang nicht, was ich sagen sollte. „So, Kerstin. Das ist meine aktuelle Lieblingspatientin. Sie zieht die Therapie so super durch und hat über zehn Perücken daheim. Sie macht das Allerbeste aus ihrer Situation. Wir haben nur ein Streitthema, und das sind die Männer." Ingrid schaute zu mir rüber und grinste mich an. „Kerstin, wenn du einen Freund hast, dann schau, dass du ihn behältst, ansonsten bleib während der Therapie allein. Daniela hat mir versprochen, bis zum Ende Single zu bleiben. Das bist du doch noch, oder?" Ich schaute Ingrid an und antwortete ihr mit einem „Ja", ohne groß darüber nachzudenken. Mich beschäftigte dieses Mädchen in dem Moment viel mehr. „Und jetzt zeig ihr doch mal deine Portnarbe," sagte Ingrid, „Kerstin möchte nämlich keine Portnarbe haben, aber sie soll sich jetzt einfach mal deine anschauen." Sie guckten beide erwartungsvoll in meine Richtung und ich war einen Augenblick lang wie vor den Kopf gestoßen. „Meine Portnarbe?!" fragte ich ungläubig.

Worum ging es hier eigentlich? Ich dachte, das Mädchen mache sich einen Kopf darüber, was sie im kommenden Jahr erwarten würde, was auf sie zukam. Eigentlich dachte ich, dieses Mädchen hatte Angst vor der Zukunft, Angst vor der Therapie, Angst davor, aus dieser ganzen Geschichte nicht mehr lebend herauszukommen. Dabei war ihr größtes Problem im Moment diese vier Zentimeter kleine Portnarbe, die sowieso niemand sah, weil sie unter dem BH-Träger verschwand. „Ich möchte keine Narbe unter dem Schüsselbein haben, das sieht komisch aus." Verständnislos zeigte ich ihr meine Portnarbe. Ich brachte es nicht in meinen Kopf hinein. Sie machte Theater wegen dieser einen kleinen Narbe. Das war an dieser ganzen Geschichte hier doch wohl noch das Harmloseste. Es war eindeutig, dieses Mädchen wusste nicht, was auf sie zukommen würde. Ich wusste nicht, was dieses Mädchen für Vorstellungen von einer Chemotherapie hatte, aber eins war mir klar: Positiv überrascht werden würde sie keinesfalls. Ich hätte sie so gern wachgerüttelt, hätte sie gern angeschrien, dass sie kapierte, dass es in diesem Jahr nicht darum ging, wie man aussah oder dass man so wenige Narben hatte wie nur möglich, sondern einzig und allein darum, dass man lebte, dass man den Krebs besiegte. Und genau das ging nicht, indem man sich schon von einer einzigen kleinen Narbe aufhalten ließ. Übelkeit, Brechreiz, Lungenentzündung, Schleimhautablösungen, Infektionen, Durchfall, Gewichtsverlust, nichts essen können, Mundschutz, Haarausfall und Operationen waren nur einige Schlagworte, die mir auf Anhieb zum Thema Chemotherapie einfielen, und ich hätte sie diesem Mädchen so gerne an den Kopf geworfen. Doch vielleicht war es besser, dass sie einfach noch nicht wusste, was auf sie zukam.

An einem Dienstag durfte ich nach Hause, und ich freute mich sehr darüber. Obwohl die drei Wochen Bettruhe im Nachhinein doch relativ schnell vorbeigingen, hatte ich die Schnauze voll. Ich war richtig erleichtert, als ich hörte, dass man frühestens vier Wochen nach der Operation mit der Chemotherapie weitermachen konnte. Ich hatte also auf jeden Fall eine Woche, die ich zwar mit gutem Blutbild, dafür aber mit Krücken und Thrombosespritze zu Hause verbringen durfte. Doch aus dieser einen Woche wurden ganz schnell drei, und so ging es erst Anfang Oktober mit der Chemotherapie weiter.

In den drei Wochen, in welchen ich zu Hause war, ließ ich es mir wieder richtig gut gehen. Ich hatte viel Besuch und war viel unterwegs, hauptsächlich mit Stephan, der mich auch gleich am ersten Wochenende, an dem ich wieder zu Hause war, ins Autokino mitnahm. Autokino deshalb, weil ich laut der Ärzte in kein normales Kino durfte. Dort waren einfach zu viele Menschen auf zu engem Raum und die Gefahr, dass ich mich bei irgendjemandem mit irgendetwas ansteckte, war einfach zu groß. Wir verbrachten das ganze Wochenende zusammen, waren viel unterwegs, und er tat mir einfach wahnsinnig gut. An diesem Wochenende merkten wir beide, dass uns etwas verband, womit wir eigentlich überhaupt nicht gerechnet hatten. Er kannte mich zwar nur krank, kannte mich nur ohne Haare und hatte wohl die Gewissheit, dass ich mehr im Krankenhaus als zu Hause war, trotzdem hätte ich nicht erwartet, dass er ernsthaft an einer Beziehung mit mir interessiert war. Nicht nach all dem, was ich ihm erzählt hatte, nicht nach all dem, was ich durchgemacht hatte. Und vor allem doch nicht mit einer Zwanzigjährigen, die doch eigentlich sterbenskrank war. Doch ich irrte mich, und entgegen meiner Versprechungen, die ich Ingrid und mir selbst gemacht hatte, ging ich mit Stephan eine Beziehung ein, noch während meiner Therapie. Ich erklärte ihm von Anfang an, auf was er sich einließ. Dass es nicht einfach werden würde, dass meine Therapie

an erster Stelle stand, dass ich mich in der Zeit der Chemo auf keine Kompromisse einlassen würde. Dass das Wichtigste für mich die Therapie war und dass ich nicht garantieren könnte, dass das mit uns halten würde. Ich redete es mir wieder schlecht, dachte, es würde sowieso nicht halten, also steigerte ich mich anfangs in gar nichts hinein. Ich ließ alles laufen und dachte, es würde sowieso wieder irgendeinen Haken geben, wie damals bei Samuel. Er entwickelte nach kürzester Zeit dieses Helfersyndrom und behandelte mich wie einen Pflegefall. Doch ich irrte mich. Ich verstand mich mit Stephan nicht nur so gut wie in der Zeit, als wir nur befreundet waren, sondern noch viel besser. Wir harmonierten einfach perfekt, wir verstanden uns ohne große Worte, und wir fühlten uns ohne den anderen einfach nicht komplett. Ich war so froh, dass ich mich auf ihn eingelassen hatte, genau in der Zeit, in der ich mir eigentlich geschworen hatte, alleine zu bleiben, aus Angst wieder verletzt zu werden. Doch es gab keine Garantie dafür, dass eine Beziehung funktionierte. Egal ob man krank oder gesund war. Ich hatte mir im ganzen letzten Jahr jemanden gewünscht, der mit mir durch diese Zeit ging, mit dem ich die ganzen Ängste und Hoffnungen in diesem Jahr teilen konnte. Ich hoffte eigentlich schon die ganze Zeit über auf einen Helden, auf jemanden, der auf einmal da war und der mich rettete, mir einen Teil der Last abnahm, die seit einer gefühlten Ewigkeit auf meinen Schultern lag, um mir den Weg ein bisschen leichter zu machen. Und da hatte ich ihn. Stephan. Meinen Helden.

Nachdem ich mich von den Strapazen dieser Operation erholt hatte, und es nur noch ein paar Tage waren, bis meine Chemotherapie wieder losging, war ich mit Stephan in einem Möbelhaus. Ich wollte auch in meinem Zimmer symbolisch einen Neuanfang wagen. Ich war über ein halbes Jahr lang in meinen vier Wänden gefangen gewesen, und sie waren über und über mit roten Dingen dekoriert. Ich hatte rote Vorhänge, rote Bilder, rote Kerzen, rote Blumen, rote Vasen und rote Kisten. Mittlerweile konnte ich dieses Rot einfach nicht mehr sehen. Lila sollte von nun an für einen Neuanfang stehen. Da das Möbelhaus riesig war, und ich so kurz nach der Operation noch an Krücken ging, setzte ich mich kurzum auf einen der großen Einkaufswägen und Stephan schob mich durch die Gänge. Nachdem wir auf der Rolltreppe nach oben gefahren waren, blieben wir vor einer Kiste stehen, die mit unzähligen Stofftieren gefüllt war. Weil ich auf dem Wagen ziemlich weit unten saß, konnte ich nicht sehen, was sich in dieser Kiste befand. Mit ausgestrecktem Arm griff ich hinein und zog eins der Plüschtiere heraus. In der Hand hielt ich – wie sollte es auch anders sein – einen Krebs. Verwirrt schaute ich meinen Freund an, der denselben erstaunten Eindruck machte wie ich. Als Beweis für diesen blöden Zufall entschied er sich, den Krebs für mich mitzunehmen. Ich legte ihn zu mir auf den Wagen und weiter ging unsere Shoppingtour. Als wir an der Kasse standen und meine lilafarbenen Vasen und Vorhänge aufs Warenband legten, fiel mir auf, dass mein Plüschkrebs fehlte. Er musste wohl vom Wagen gefallen sein. Vergeblich suchte ich ihn. Er war weder in unserem Einkaufswagen, noch auf dem Weg, den wir zur Kasse lang gelaufen waren. „Schatz", sagte ich, „mein Krebs ist weg!" Als ich diesen Satz ausgesprochen hatte, stockte mir der Atem. Diese vier Worte waren für einen normalen, gesunden Menschen völlig sachlich und emotional total unbedeutend. Doch an diesem Abend waren sie der Grund dafür, dass mein Freund und ich Gänsehaut bekamen. Wir schauten uns an und für einen kleinen Augenblick fehlte uns beiden die Sprache. Kurz überlegten wir, ob wir einen neuen Plüschkrebs aus der Kiste im ersten Stock holen sollten, waren uns dann aber schnell einig, dass wir genau das nicht tun würden. Denn mein Krebs war weg und so sollte es auch bleiben.

Wenn du fliegen willst, dann lass alles hinter dir, was dich nach unten zieht.

Anfang Oktober begann meine Chemotherapie wieder. Da ich zu den leichteren Fällen gehörte und mein Tumor sehr klein war, gab es in meinem Therapieprotokoll nach der Operation zwei verschiedene Therapiezweige, zwischen denen ich wählen konnte. Beide Therapieformen waren in etwa gleich und konnten beide denselben Erfolg erzielen. Man wollte nur herausfinden, ob man dasselbe Ergebnis auch mit weniger Nebenwirkungen erreichen konnte. Bei dem einen Chemoblock bekam ich zwei Tage Chemo und durfte dann nach Hause, beim anderen Block bekam ich ebenfalls zwei Tage Chemo, musste aber anschließend noch 48 Stunden lang gespült werden. Die zweite Therapieform war tendenziell die etwas härtere, möglicherweise aber eben auch die wirksamere. Nun sollte ich entscheiden, welche der beiden Therapieformen ich gerne hätte. Am liebsten hätte ich natürlich keine der beiden genommen. Da diese Option aber leider nicht offen stand, wollte ich mich zunächst für die kürzere und eher leichtere Variante entscheiden, worüber ich mir aber nach längerem Kopfzerbrechen dann doch nicht mehr ganz so sicher war. Es gab zusätzlich noch die Möglichkeit, den Zufall entscheiden zu lassen. Natürlich hätte ich es mir leicht machen können, indem ich die kürzere, leichtere Therapie gewählt hätte. Doch ich hatte schon Gewissensbisse, bevor ich mich überhaupt entschieden hatte. Und wie sollte das dann später, nach Ende der Therapie, einmal aussehen? Ich würde mich die nächsten Jahre ständig fragen, ob ich auch wirklich die richtige Entscheidung getroffen hatte und ob ich nicht besser dran gewesen wäre, hätte ich mich für die längeren, etwas härteren Chemoblöcke entschieden. Es war zum Davonlaufen. Als wäre es nicht schon schlimm genug, dass ich überhaupt Krebs hatte und psychisch schon genug Dingen standhalten musste, da stellten mich die Ärzte jetzt auch noch vor solch eine Wahl. Ich entschied mich letztendlich nach langem Überlegen dafür, es den Zufall entscheiden zu lassen und der sogenannten Randomisierung zuzustimmen. Der Zufall oder das Schicksal, man nenne es wie man wolle, entschied, dass ich die längeren, härteren Chemoblöcke bekommen sollte, und wer weiß, für was es gut war. Ich musste mir also später einmal auf keinen Fall die Frage stellen ob ich es mir mit der kürzeren, leichteren Therapie vielleicht zu einfach gemacht hatte und ob die härtere vielleicht doch besser und wirksamer gewesen wäre.

Nachdem diese Entscheidung getroffen war, begann die Zeit der Chemos wieder, und ich war einerseits froh, dass es nun endlich in den Endspurt ging, hatte andererseits aber ein ganz schön mulmiges Gefühl, was die kommenden Monate so mit sich bringen würden. Doch zu meinem Erstaunen vertrug ich die Chemo wirklich gut. Ich teilte mir das Zimmer mit Kerstin, welche sich dank Ingrids und meiner Überzeugungskunst scheinbar doch für einen Port entschieden hatte. Sie bekam den gleichen Chemoblock wie ich. Mir war drei Tage lang schlecht, doch ich übergab mich nicht einmal. Kerstin hingegen reagierte heftig auf die Chemo. Sie brauchte sogar parallel zur Chemo ein Gegenmittel und musste wegen Komplikationen einige Tage länger stationär bleiben als ich. Zu Hause erholte ich mich recht schnell von dieser leichten Chemo, und ich hätte schon nach gut einer Woche wieder Bäume ausreißen können. Ich ging seit fast zwei Monaten ununterbrochen an Krücken und somit hätte ich auf jeden Fall die Oberarme dazu gehabt. Auch mein Fuß erholte sich blendend von der Operation, von der Narbe auf meinem Rücken, die doch ziemlich groß war, ganz zu schweigen. Im Allgemeinen ging es mir eigentlich richtig gut. Ich wog fast acht Kilo mehr als im Januar, nach der Trennung von meinem Exfreund und den Tagen auf der Intensivstation. Laut meiner Lieblingsschwester Ingrid war ich „ganz schön fett geworden". Sofern man 45 Kilogramm verteilt auf 1,60 „ganz schön fett" nennen konnte. Ich fühlte mich richtig wohl. Mein Leben verlief seit geraumer Zeit wieder in geordneten Bahnen, und ich konnte mir kaum vorstellen, dass sich dieses Leben irgendwann mal wieder ändern sollte, dass ich irgendwann wieder ganz normal ausgehen konnte, arbeiten oder sogar einkaufen. So schrecklich es sich anhörte, hatte ich mich doch tatsächlich an das Leben mit Krebs gewöhnt. So ziemlich genau ein Jahr, nach dem dieser schreckliche Verdacht auf einen bösartigen Tumor aufkam. Ein Jahr nach dem Anruf der Sprechstundenhilfe meines Hausarztes konnte ich mir nicht mehr vorstellen, irgendwann mal wieder einen normalen, geregelten Alltag zu haben. Einfach alles tun und lassen zu können, ohne darüber nachzudenken, wann es mit der nächsten Chemo weiterging oder ob ich das alles meinen Blutwerten im Moment überhaupt zumuten konnte. Das normale Leben erschien mir schon fast langweilig im Gegensatz zu meinem momentanen Alltag. Jeden Morgen aufzustehen, arbeiten zu gehen und danach wieder ins Bett. Das alles war so normal und für mich momentan so unvorstellbar.

Meine Blutwerte gingen trotz der leichteren Chemo doch ganz schön tief in den Keller. Ich hatte Angst, wieder Fieber zu bekommen, aber das war das Gott sei Dank nicht mehr der Fall.

Mit meinem Freund lief alles gut, er war fast täglich bei mir, und wir verstanden uns, ohne dass wir großartig etwas sagten. Es passte einfach alles, und ich lachte mit Stephan so viel wie im ganzen letzten Jahr nicht. Ich konnte mit ihm über alles reden, er verstand meine Ängste, war für mich da, wenn ich eine Schulter zum Ausweinen brauchte, und er machte mich einfach glücklich. Eines Abends, kurz vor Beginn meiner neunten Chemo, waren wir in der Videothek und fanden einen Spielfilm über ein leukämiekrankes Mädchen. Stephan war nicht wirklich begeistert von meiner Idee, diesen Film auf jeden Fall anzuschauen. Nicht, weil er kein Interesse daran hatte, vielmehr, weil er Angst hatte, dass der Film mir zu nahe gehen würde. Ich musste selbst überlegen, ob es eine gute Idee war, den Film auszuleihen, doch wir taten es. Als wir dann an diesem Sonntagabend so Arm in Arm vor dem Fernseher lagen und diesen Film anschauten, merkte ich, dass ich mit Stephan wirklich das große Los gezogen hatte. Wir lagen zusammen auf der Couch, aneinandergekuschelt und völlig gebannt von dem Film. Erst liefen bei mir die Tränen und dann auch bei ihm. Ich konnte es kaum glauben. Da lag ein Mann neben mir, der zwei Meter groß war und ein Lächeln hatte, das Eisberge zum Schmelzen gebracht hätte. Da lag dieser perfekte Mann neben mir, dieser kleinen, dünnen, blassen jungen Frau mit Glatze, und weinte. Das waren die Momente, die ich mir das ganze vergangene Jahr gewünscht hatte. Einfach zu wissen, dass jemand da war, wenn ich kurz mal ins Taumeln geriet. Jemand, der mich auffing, wenn ich zu fallen drohte, und jemand, der mit mir lachte, wenn es mir gut ging. Natürlich taten das alles meine Eltern auch, und ich weiß, dass ich das letzte Jahr lange nicht so glimpflich überstanden hätte, wären meine Eltern mit mir diesen langen und schweren Weg nicht gegangen. Mein Vater fand dafür die passenden Worte: „Wir sind eine Familie. Wir können nicht einfach aufgeben. Wir können nicht sagen, wir wollen diesen Weg nicht gehen, weil er uns zu anstrengend, zu stressig oder zu lang ist. Wir müssen da durch, ob wir nun wollen oder nicht. Wir haben keine Alternative. Die Menschen, die uns unterstützen wollen, kommen mit uns mit, der Rest bleibt auf der Strecke." Und es gab einige, die im Laufe der letzten

Monate auf der Strecke blieben. Doch es gab auch welche, die mir treu zur Seite standen, auch wenn sie nicht zu meiner Familie gehörten. Es waren zwar wenige, aber von denen konnte ich behaupten, dass ihnen wirklich was an mir lag. So jemand war Romina, die ich bisher in diesem Buch noch nie wirklich erwähnt hatte, die aber eigentlich eine der größten Rollen in den vergangenen Therapiemonaten spielte. Sie war die treueste. Von keiner anderen Freundin konnte ich behaupten, dass sie mich die ganze Therapie hindurch begleitet hatte. Bis jetzt verging kein Chemoblock, in dem sie mich nicht mindestens einmal besucht hatte. Von ihr konnten sich die meisten wirklich eine gehörige Scheibe abschneiden.

Bevor ich Anfang November 2009 zu meiner neunten Chemo antreten musste, sollte ich dem plastischen Chirurgen vorher noch einen Besuch abstatten. So machten wir uns an diesem kalten, verregneten und nebligen Morgen wieder einmal auf den Weg nach Stuttgart. Ich hatte doch tatsächlich die vorherige Chemo ohne Fieber oder sonstige unangenehme Zwischenfälle überstanden. Es geschahen noch Zeichen und Wunder oder es lag an meiner neuen Liebe. So hieß es bekanntlich ja schon in einem Schlager. „Eine neue Liebe ist wie ein neues Leben." Und genau dieses neue Leben begann für mich am 2. November 2009.

Ich musste bei meinem Chirurgen, der mich im August operiert hatte, eine gute halbe Stunde warten, und als er mich sah, strahlte er mich an. Ich humpelte ihm entgegen, und da mir fiel einmal mehr auf, was ich ihm zu verdanken hatte. Es sah doch tatsächlich so aus, dass ich in absehbarer Zeit wieder ganz normal laufen könnte. Ich musste nicht auf einem halben Stumpf von einem Fuß herumhumpeln oder mir jährlich meine Prothese anpassen lassen. Nein, ich lief geradewegs einem normalen Leben entgegen, von dem ich nur noch ganze sechs Chemos weit entfernt war. Da stand ich vor diesem Mann, der eigentlich schon im Ruhestand war, es aber trotz allem nicht lassen konnte, an anderen Menschen regelrechte Wunder zu vollbringen. Sei es, dass er einen abgetrennten Arm wieder annähte oder einem Pianisten wieder ermöglichte, Klavier zu spielen. Die senile Bettflucht treibe ihn morgens um halb sechs aus den Federn, und er müsse einfach etwas tun, sagte er. Andere Männer im Ruhestand spielten Golf oder saßen den Tag über im Garten auf der Veranda. Er hingegen führte zwanzigstündige Operationen durch, an die sich sonst kein Arzt heranwagen würde. Und an diesem Morgen machte er auch bei mir unmöglich Geglaubtes möglich: „Ich habe den Befund vom Pathologen. Der, der dein Knochengewebe untersucht hat, hat nichts mehr gefunden. Es waren keine lebendigen Tumorzellen mehr vorhanden. Es war alles weg. Das heißt, die Chemo hat komplett angeschlagen und der Sicherheitsabstand, den wir eingehalten haben, reicht vollkommen aus." Da stand ich an meinen Krücken vor ihm, und mir stiegen für einen winzigen Augenblick die Tränen in die Augen. Ich war gesund. Ich hatte keinen Krebs mehr und die folgenden Chemoblöcke dienten wahrhaftig nur noch zur Prophylaxe. Als wir an diesem kalten Morgen zu Hause losgefahren waren, hatte sich schon auf den ersten Kilometern mein Gedankenkarussell wieder zu drehen begonnen. Wieder Chemo. Wieder Nebenwirkungen, wieder Übelkeit, Knochenschmerzen und das ganze Programm, wieder in dieses Krankenhaus, wieder das bereits gewohnte Spiel. Doch an diesem Morgen nahm diese Einstellung ein komplett anderes Bild an. Auf diesen Satz hatte ich nun über ein Jahr gewartet. Über ein Jahr wusste ich nicht einmal, ob die Chemo überhaupt richtig angeschlagen hatte. Weil ich keinen Tumor mehr hatte, konnte man nicht einmal wirklich nachweisen, dass die Krebszellen, die noch da waren, auch tatsächlich von der Chemo zerstört wurden. Und dann erzählte mir dieser Mann, der sowieso schon ein Wunder vollbracht hatte, indem er mir meinen Fuß erhielt, auch noch, dass mein Krebs wirklich komplett weg war.

Nach dieser Nachricht ging ich um einiges lieber zum anstehenden Chemoblock. Nun wusste ich ja, dass sich das ganze Kotzen lohnte. Aber so sehr ich mir gewünscht hätte, dass ich mich über das alles hätte gedankenlos freuen können, desto schwerer traf es mich an diesem Tag, und ich merkte ein Mal mehr, dass ich dieses Kapitel in meinem Leben noch nicht einmal auch nur ansatzweise verarbeitet hatte. Ich kam auf Station, und mir wurde ein Zimmer zugeteilt, soweit war alles wie gehabt und nicht weiter tragisch. Doch das Zimmer war das Zimmer 145. Das Zimmer, in dem ich lag, als ich zum allerersten Mal hier auf der Station war. Das wäre alles nicht weiter schlimm gewesen, wenn sich dieses eine Zimmer nicht so offensichtlich von allen anderen Zimmern unterschieden hätte. Es war um einiges größer, und irgendwie kam ich mir am ersten Tag der Chemo, den ich alleine hier lag, doch ziemlich verloren vor. Ich hatte mich an sie gewöhnt, an diese Enge der Zimmer hier auf dieser Station, obwohl sie mir anfangs fast die Luft zum Atmen nahm. Doch dieses Zimmer war so groß, so riesig, und ich kam mir völlig verloren vor. Ich erinnerte mich an meine ersten Tage hier auf der Station, an meine große Angst, zu sterben. Ich sah damals täglich meine eigene Todesannonce vor meinem inneren Auge, konnte kaum mehr atmen, als mir dieses Bild an diesem Tag wieder erschien. Doch da musste ich durch, wie so oft in diesem Jahr. Mein Bett stand genau dort, wo es vor knapp einem Jahr auch stand, und mein Schrank war derselbe wie damals. Ich konnte mich nur schwer von diesen Erinnerungen, die hier wie Bilder an der Wand hingen, trennen. Doch im Gegensatz zu damals war ich heute um ein knappes Jahr älter und erfahrener, und ich hatte die Gewissheit, das Ganze hier zu überleben. Um dreizehn Uhr ging es dann wieder einmal mit der Chemo los. Eine Schwester und ein Arzt kamen wieder mit blauen Gummihandschuhen und kehrten mein körperliches, bis vor kurzem noch einwandfreies Befinden, in das gegenteilige um. An diesem Abend kam mein Freund mich besuchen, er brachte mir DVDs mit und Lollies gegen diesen ekelhaften Chemogeschmack. Wieder merkte ich, wie verliebt ich in ihn war und wie sehr ich an diesem Mann hing. Es war unfassbar, dass das Leben genau dann zuschlug, wenn man eigentlich etwas ganz anderes geplant hatte.

Am zweiten Tag kam Carina zu mir ins Zimmer. Ich kannte sie schon von einem meiner Fieberaufenthalte. Sie war nur ein Jahr jünger als ich, und wir hatten schon ausgerechnet, ob wir es vielleicht rein rechnerisch schaffen könnten, dieses Mal zusammen zur Chemo da zu sein. Und siehe da: Es klappte tatsächlich. Wir verstanden uns blendend, und die Chemo war für uns beide nur halb so schlimm, als wenn wir sie hätten allein durchstehen müssen. Geteiltes Leid war eben doch, wie so oft, halbes Leid. Am zweiten Tag meiner Chemo hatte ich abends Lust auf Buchstabensuppe, und mein Vater musste mir eine kochen. Sie waren schon arm dran, unsere Eltern. Nicht nur, dass sie fast täglich mit uns im Krankenhaus waren und mit uns von Pontius zu Pilatus rannten, nein, sie mussten auch noch unseren Chemolaunen und Heißhungerattacken standhalten. Ich aß diese Buchstabensuppe genüsslich, war satt und zufrieden und hatte eigentlich nicht damit gerechnet, dass ich mich jetzt noch übergeben musste. Die Chemo war schließlich durch, und ich hing nur noch an der Spülung. Doch unverhofft kommt bekanntlich oft, und somit ließ ich mir alles noch mal gehörig durch den Kopf gehen. Genau so, wie ich die Pampe hinuntergeschluckt hatte, kam sie wieder hoch. Da hatte ich den (Buchstaben)salat. Ich hätte mit den völlig unversehrten Buchstaben noch „Guten Appetit" legen können, fand das dann aber doch zu eklig und entschied mich dafür, das Erbrochene ins Klo zu schütten.

Donnerstags war der ganze Spuk vorbei, und ich durfte nach Hause. Die ersten Tage nach der Chemo waren die härtesten. Mir taten Knochen weh, von denen ich nicht einmal wusste, dass ich sie überhaupt hatte. Doch nach ein paar Tagen ging es mir schon wieder bedeutend besser, und ich konnte die Zeit zu Hause fast schon ein wenig genießen.

Obwohl ich eigentlich eine positive Einstellung gegenüber meiner Krankheit und der Therapie hatte, gab es auch bei mir Tage, an denen ich mir am liebsten die Bettdecke über den Kopf gezogen und sie komplett aus dem Kalender gestrichen hätte. So ein Tag war ein Mittwoch, Mitte November 2009. Ich war im Zelltief, musste ohnehin schon aufpassen, dass ich mir nichts einfing und zu allem Übel machten sich auch noch alle um mich herum wegen der Schweinegrippe verrückt. Eigentlich war ich jetzt ziemlich am Ende meiner Therapie angelangt, ich hatte noch fünf leichte Chemos vor mir, und die waren nichts, im Gegensatz zu dem, was ich dieses Jahr schon alles hinter mich gebracht hatte. Doch an diesem Mittwoch war meine Laune unausstehlich. Morgens war ich, wie momentan fast täglich, im Krankenhaus zum Blutbild. Es war mal wieder miserabel, ein Königreich für ein paar Leukos. Als ich in der Ambulanz saß, kam eine Krankenschwester zu mir her und meinte, sie müsse mich jetzt mal fragen, wie ich das mache, wie ich es schaffte, dass ich immer so gut aussah. Ich hätte so eine positive Grundeinstellung und so viel Lebensenergie, kein Mensch würde mir anmerken, dass ich so krank war. In letzter Zeit bekam ich so etwas oft zu hören, und ich spürte, wie mein Selbstbewusstsein von Mal zu Mal wuchs. Doch so positiv und lebensfroh ich auf andere wirkte, so schnell konnte meine

Stimmung kippen. Und so saß ich da, an diesem verregneten Novemberabend, dachte über alles nach, was in diesem aufreibenden, letzten Jahr passiert war, wie viele Menschen ich geliebt, kennen gelernt, wiedergesehen und verloren hatte; wie oft ich am Rande des Nervenzusammenbruchs war, wie oft ich geweint, aber auch gelacht hatte und wie oft ich nicht wusste, wohin mit meinen ganzen Emotionen. Ich saß in meinem Bett und konnte nicht schlafen, viel zu viel ging mir durch den Kopf. Hier, nachts in meinem Bett musste ich nicht so tun, als würde mir meine Krankheit nicht zu schaffen machen. Als würde mich meine Glatze nicht nackt machen. Als hätte ich nicht gern mein altes Leben zurück. Wie gerne hätte ich wieder meine langen Haare gehabt, würde geregelt morgens zur Arbeit gehen und meine Ausbildung normal beenden. Wie gerne hätte ich wieder das Leben zurück, das ich früher hatte. Doch ich konnte das Blatt drehen und wenden, wie ich es wollte. Es änderte sich nichts. Ich musste da durch, so hart es war. „Der Mutige erschrickt erst nach der Gefahr", so ging es mir im Augenblick. Jetzt, wo der Krebs weg war, wo sich die Wogen langsam aber sicher wieder geglättet hatten, wo alles wieder einigermaßen in geregelten Bahnen lief und ein „normales" Leben endlich absehbar und greifbar nahe war. Jetzt kamen meine Emotionen hoch. Es fühlte sich an, als hätte ich das ganze letzte Jahr Scheuklappen aufgehabt. Wie ein Pferd, dessen Sichtfeld man einengen wollte, um zu verhindern, dass es die anderen Pferde und die Peitsche sah. Auch ich hatte im ganzen letzten Jahr diese Peitsche nicht wirklich gesehen. Es reichte mir, wenn ich sie ab und zu zu spüren bekam, in Form von Knochenschmerzen oder einer entzündeten Mundschleimhaut. Doch mittlerweile hatte man mir diese Scheuklappen abgenommen und nun wurde mir tatsächlich bewusst: Ich lag bereits seit einem Jahr auf einer Kinderkrebsstation. Auf einer Station, die ich bis dorthin nur aus Fernsehberichten kannte, Berichte, bei denen ich immer umschaltete, weil ich mir nicht mit ansehen konnte, wie diese Kinder leiden mussten. Dort lag ich nun selbst. Doch so schlimm meine Krankheit auch war, riss ich mich vor den anderen, Gesunden zusammen. Ich wollte nicht vor ihnen weinen. Das tat ich, nachdem ich es am Anfang ständig getan hatte, in der Zwischenzeit nur noch ganz, ganz selten. Doch manchmal zu weinen, bedeutete nicht, dass man schwach war. Ganz im Gegenteil, ich war stark und das konnte ich auch mit voller Überzeugung von mir sagen. Doch trotz allem war ich nicht aus Stein. In der Klinik sahen mich die Schwestern und Ärzte meistens topgestylt, freundlich und mit einem breiten Grinsen auf den Lippen. Ich war diejenige, die neuen Patientinnen den Einstieg erleichterte, indem ich als bestes Beispiel voranging. Aber auch ich wurde hin und wieder von meinen Gefühlen überwältigt und ab und zu sogar regelrecht umgeworfen. Doch es zählt nicht, wie oft man umgeworfen wird. Das Einzige was zählt, ist, dass man immer wieder aufsteht.

In der Zeit, in der ich mit schlechtem Blut zu Hause war, sah ich im Fernseher ein Interview mit einer Moderatorin, die an Brustkrebs erkrankt war. Die Medien lobten diese Frau bis in den Himmel, waren hellauf begeistert davon, wie locker und lässig sie ihren Krebs bekämpfte und dass sie trotz Chemotherapie nicht wortwörtlich von der Bildfläche verschwunden war. Sie war überall präsent, jeder wusste, dass sie krank war aber keiner sah oder merkte ihr etwas Derartiges an. Sie sah immer blendend aus, ihre Stylisten und Friseure gaben sich scheinbar größte Mühe, ihre Perücke bei jedem Auftritt anders zu frisieren und ihre falschen Wimpern immer perfekt anzukleben. Oft wurde sie nach ihrer Krankheit gefragt, und sie antwortete immer gleich. Sie ließe sich nicht unterkriegen, sondern kämpfe gegen den Krebs an. Diese Frau hatte das gleiche Schicksal wie ich, das gleiche Schicksal wie Millionen andere

Menschen auf dieser Welt auch und ihr Auftreten war wirklich stark. Doch nach diesem Interview stiegen mir vor Wut fast die Tränen in die Augen. Diese Frau wurde von den Medien fast schon wie „Superwoman" dargestellt. Sie bekämpfe den Krebs und sehe dabei noch so super aus, hieß es da. Aber was war mit Millionen anderer Krebskranker, die es auf der Welt gab, die es vielleicht noch viel schlimmer erwischt hatte als diese Moderatorin? Die lobte niemand dafür, dass sie so hart kämpften. Dass diese Schauspielerin keine Metastasen in ihrem Körper hatte und im Allgemeinen nur einen Bruchteil der Chemos bekam, die man den Kindern auf unserer Station verabreichte, erwähnte die Presse nicht. Dass die Therapie dieser Frau nicht einmal ein halbes Jahr dauerte, bis sie wieder gesund war und dass sie wahrscheinlich ein fünfköpfiges Visagistenteam um sich herum hatte, das sie immer perfekt aussehen ließ, daran dachte niemand. Die Medien fällten ihr Urteil in solchen Dingen einfach viel zu schnell und völlig unüberlegt. Einmal sollten sie über das wahre Leben auf einer onkologischen Station berichten, darüber, was Chemotherapie wirklich bedeutet, wie die Menschen aussehen, denen es wirklich schlecht geht, die Menschen, die wirklich mit der Krankheit kämpfen. Wie die Kinder mit vier Jahren auf Dreirädern über den Krankenhausflur fahren, die Eltern mit dem Infusionsständer, an dem die Chemo baumelt, hinterher, wie sich Eltern freuen, dass ihr Kind nach Tagen endlich wieder etwas Essen zu sich nimmt, alles eine halbe Stunde später aber wieder erbricht, wie Jugendliche mitten in der Pubertät ihre Haare verlieren, das Gesicht aufgequollen vom vielen Cortison, wie junge Frauen aussehen, ohne Perücke, mit eingefallenen Wangen, gerade frisch verlassen vom Freund, der mit der Krankheit nicht klarkam. Das alles waren Dinge, die in den Medien totgeschwiegen wurden. Keiner machte sich darüber Gedanken, wie krebskranke Menschen in Wirklichkeit aussehen und was in ihnen vorgeht, wie krank sie tatsächlich waren, wenn sie nicht so viel Glück hatten wie diese Moderatorin, und wenn sich ihre Intensivtherapie nicht nur über ein halbes Jahr, sondern über drei Jahre erstreckte. Wenn sie dem Krebs wirklich den Kampf ansagen mussten und sich nicht nur rein zur Vorsorge einer Chemotherapie unterzogen. Es war ungerecht und gemein den Menschen gegenüber, die auch Krebs hatten und es vielleicht nicht überlebten. „Nimm dir ein Beispiel an ihr", hörte ich meinen Ex-Freund immer noch sagen, und vielleicht kam daher meine Wut auf die Presse, die das alles so schönredete. Jeder Mensch versuchte auf seine Art mit dieser schwierigen und schlimmen Diagnose umzugehen, so gut es eben ging. Den meisten gelang es nun mal nicht, dabei auch noch blendend auszusehen und in die Kamera zu lächeln. Wenn man so schwer krank war, dann hatte man verdammt noch mal das Recht dazu, sich auch mal gehen zu lassen, nicht immer makellos auszusehen, zu weinen und sich zu verkriechen. Man hatte das Recht, sich zu fragen, warum man zwar nie eine Million im Lotto gewinnen würde, dafür aber ganz laut „hier" gerufen haben musste, als die seltenen Tumore verteilt worden waren. Jemand, der so krank war, durfte auch mal Momente haben, in denen er schwächelte. In denen er zeigte, wie unfair und gemein es war, dass manche Menschen gesund sein durften und es nicht zu schätzen wussten, er selbst aber für seine Gesundheit so sehr kämpfen musste. Und genau dann, wenn man sich einen kurzen Moment erlaubte, auch mal in die Knie zu gehen, dann war das Letzte, was man sehen wollte, eine Frau, die die Chemotherapie durchstand, als wäre sie ein Spaziergang, und dabei auch noch blendend aussah.

Wenn du erkennst, dass es dir an nichts fehlt, dann gehört dir die ganze Welt.

Ende November begann mein insgesamt zehnter Chemoblock. Es hatte sich in der Zwischenzeit nach meiner Bestrahlung und meiner Operation wieder eine gewisse Routine eingespielt. Ich rechnete nicht mehr nach Wochen, sondern, wie schon zu Beginn meiner Therapie, nach Chemos. Bevor ich mein Zimmer bekam, musste ich in der Ambulanz eine Weile warten, weil auf der Station mal wieder die Hölle los war. Es war komisch, bei meiner vorherigen Chemo schwärmten die Schwestern noch, wie schön ruhig es auf der Station war, und kaum hatte man sich versehen, kam wieder ein ganzer Pulk von neuen Patienten. War ich froh, dass ich nicht zu ihnen gehörte. War ich froh, dass ich das Gröbste schon hinter mir hatte.

Als ich in der Ambulanz wartete, lernte ich einen Jungen kennen. Er war so alt wie mein kleiner Bruder, gerade siebzehn, und wäre ich ein paar Jahre jünger gewesen, hätte ich mich wahrscheinlich in ihn verliebt. Zwei Stunden saßen wir beieinander und redeten. Er hatte denselben Tumor, den ich hatte, leider aber schon mit einem Durchmesser von acht Zentimetern. Auch er hatte schon seine ersten sechs harten Chemos und die Bestrahlung hinter sich und sein Tumor war weg – wie meiner. Auch Kerstin war wieder da, das Mädchen, das sich wegen der Portnarbe so gesträubt hatte. Sie lag neben mir auf einem Behandlungsstuhl. Da lag sie, das Mädchen, das hier ankam mit einem Piercing in der Lippe und der größten Überzeugung, bei ihr könne es sich um nicht um

Krebs handeln. Doch da lag sie nun, ohne Piercing und ohne Haare, denn es war doch Krebs.

Für den ersten Tag bekam ich wieder ein Einzelzimmer, das änderte sich aber am Tag darauf. Ich vertrug diese Chemo sehr schlecht. Ich war ständig am Spucken, mir war drei Tage durchgehend schlecht, und zu allem Übel stand am dritten Tag auch noch eine Computertomographie von meinem Fuß in einem anderen Krankenhaus an. Während der Chemo sollte ich Taxi fahren, einmal quer durch das größte Krankenhaus der Stadt marschieren, und das, obwohl mich schon der Gang zur Toilette aus der Puste brachte. Mein Vater erbarmte sich – wie so oft in diesem Jahr – und fuhr mit mir zu dieser Untersuchung. Er trug mich die Treppe hinunter, hielt mir meine Brechschale und schob mich im Rollstuhl durchs Krankenhaus. Was wäre ich in diesem Jahr nur ohne ihn gewesen. Ich kann gar nicht oft genug sagen, was es mir wert war, dass er mit mir auf jeden verdammten Befund wartete. Dass er mich jedes Mal, wenn ich am Durchdrehen war, wieder auf den Boden der Tatsachen zurückholte und das, obwohl er wahrscheinlich noch größere Angst hatte als ich selbst. Auch vor dieser Computertomographie hatte ich wieder große Bedenken. Mir war zwar klar, dass ich erst vor ein paar Wochen die Nachricht bekommen hatte, dass aus histologischer Sicht in meinem Fuß alles bestens war, trotzdem blieb eine Restangst. Der Schock dieser Krankheit saß einfach noch viel zu tief. So saß ich mit meinem Vater an diesem Freitagmorgen in einem fremden Krankenhaus, in einem abgeteilten Raum, damit ich mich nicht mit irgendetwas ansteckte, und wartete auf die Untersuchung. Sie mussten mir Kontrastmittel spritzen, ich bekam einen extra Venenzugang und musste wieder einen dieser Doppelbögen ausfüllen, auf dem Fragen standen, die ich wahrscheinlich schon im Schlaf hätte beantworten können. Besteht die Möglichkeit einer

Schwangerschaft? Haben sie schon einmal allergisch auf Jod reagiert? Irgendwelche anderen Allergien? Es war immer dasselbe. Dann ging die Untersuchung los. Sie dauerte laut Sprechstundenhilfe nicht länger als zehn Minuten. Gott sei Dank. Ich legte mich auf eine Liege und wurde mit dem Fuß in eine Art aufrechten Ring geschoben. Sie wollten erst eine Aufnahme ohne Kontrastmittel machen, erklärte mir die MTA und ließ mich alleine. Drei Minuten dauerte es, nicht länger, dann war das Gerät ruhig. Da lag ich nun und dachte eigentlich, es ginge sofort weiter. Doch es tat sich nichts. Nach gefühlten zwanzig Minuten drehte ich mich um und sah neben mir hinter einem Fenster einen Raum, von dem aus sie das Gerät steuerten. Dort saßen zwei MTAs und hinter ihnen stand ein Weißkittel, kurz darauf gesellte sich noch einer dazu. Sie diskutierten. Schauten immer wieder auf den Bildschirm, auf dem sie scheinbar mein Bild sahen. Abwechselnd lief einer der Weißkittel weg und kam kurz darauf wieder. Ich wurde immer aufgeregter, das Ganze hier hatte mit einer zehnminütigen Untersuchung schon lange nichts mehr zu tun. Es war schon mindestens eine halbe Stunde vergangen. Ich versuchte mich selbst zu beruhigen, mit dem histologischen Befund und damit, dass mein Tumor eigentlich schon von Anfang an nicht mehr da war. Doch so sehr ich mich anstrengte, es half nichts. Zu allem Überfluss kam noch dazu, dass mir dank der Chemo übel war, hätte ich mich jetzt also zu sehr in etwas hineingesteigert, dann hätte ich mich wahrscheinlich postwendend übergeben. Auch das galt es zu vermeiden. Nach einer Ewigkeit kam endlich die MTA zu mir und erklärte mir, sie würden die Bilder jetzt noch mal machen. Einmal ohne und einmal mit Kontrastmittel. Das alles hätte etwas länger gedauert, weil sie ausrechnen mussten, wie viele Schichten sie benötigen und wie groß die Bilder sein mussten, und das sei alles ein wenig kompliziert gewesen. Ich schaute sie an, musste grinsen und sagte: „Na Gott sei

Dank, ich hatte schon Angst, irgendwas wäre nicht in Ordnung." Die MTA entschuldigte sich und beteuerte, dass sie daran überhaupt nicht gedacht hätte und dass, wenn sie das gewusst hätte, sie mir natürlich sofort Bescheid gesagt hätte. Sie versprach auch, dass es nicht noch mal vorkommen würde. Der Rest lief nach Plan und nach guten zwei Stunden lag ich wieder in meinem Krankenbett. Ich war sogar froh, dass ich wieder in „meinem" Krankenhaus war. Unglaublich, wie bescheiden ich geworden war.

Am Tag danach bekam ich den Befund des CTs. Alles in bester Ordnung, kein Anhalt für ein Rezidiv, es könnte nicht besser sein. Mit diesen Worten entließ mich meine Ärztin, und ich freute mich auf drei ruhige Wochen zu Hause.

Ich machte mir die Zeit zu Hause so gemütlich, wie es nur ging, doch ein paar Tage nach meiner Entlassung bekam ich fürchterliche Bauchschmerzen und musste zur Untersuchung wieder in die Klinik. Es wäre alles halb so schlimm gewesen, hätten sich meine Eltern nicht schon seit geraumer Zeit in der Wolle gehabt. Mein Vater explodierte wegen jeder Kleinigkeit und meiner Mutter wurde das Ganze auch langsam zu viel. Sie waren einfach auch mit den Nerven total am Ende, wie ich. Doch meine Eltern waren schon ständig am Streiten, als ich noch gesund war. Nach meiner Krebsdiagnose mussten sie sich zusammenreißen und im Team arbeiten. Das Team, das sie eigentlich immer schon waren. Zeitweise war ich sogar der Auffassung, dass sie dank meiner Krankheit wieder ein bisschen mehr zusammengewachsen waren, doch in letzter Zeit gab es immer öfter Streit. Eigentlich war es nichts Neues. Einst dachte ich, die Autofahrten ins Krankenhaus mit meinen Eltern würden mir später einmal fehlen, wenn ich nicht mehr so oft in die Klinik musste. Doch da hatte ich mich getäuscht. Was anfangs noch willkommene Gelegenheiten für tiefergehende Gespräche war, diente seit geraumer

Zeit nur noch dazu, ihren Eheproblemen Luft zu machen. So hörte ich meiner Mutter zu, was sie an meinem Vater störte, und ich hörte meinem Vater zu, was er an meiner Mutter auszusetzen hatte. Ich saß auf dem Beifahrersitz und dabei gleichzeitig zwischen zwei Stühlen. Ich hielt mich immer neutral, ich war der passive Gesprächspartner und ich hielt tapfer durch. Ich schaffte es ein Jahr lang, mit meinen Eltern ständig Auto zu fahren, ich schaffte es, mir immer anzuhören, was ihnen auf dem Herzen lag, und ich schaffte es, immer neutral zu bleiben. Doch um wen ging es hier eigentlich? Ich hatte in diesem Jahr doch eigentlich schon genug zu tun. Ich war damit beschäftigt, gesund zu werden, und das hört sich leichter an als es war. In meinem Kopf hatte ich meine Blutwerte ständig abrufbereit, meine aktuelle Temperatur und die Dinge, die ich momentan essen durfte oder eben nicht. Ich hatte meine demnächst anstehenden Termine im Kopf, ich hatte im Kopf, wann die nächste Chemo anstand und wie lange die letzte Chemo her war. Ich wusste, welche Tabletten ich an welchen Tagen nehmen musste, und wieviel ich von welcher Arznei gegen welche Symptome einzunehmen hatte. Ich verglich ständig mein Befinden nach der aktuellen Chemo mit meinem Befinden nach den letzten Chemos, hatte die Namen und jegliche Nebenwirkungen meiner Chemos im Kopf. „Gesund werden" war also durchaus ein Fulltimejob, und ich hatte momentan einfach nicht auch noch die Kraft dazu, die Ehe meiner Eltern am Scheitern zu hindern. Sie mussten das selbst regeln, und das machte ich ihnen an diesem Abend zum ersten Mal klar. Sie sollten sich scheiden lassen, riet ich beiden, und ich war heilfroh, dass Stephan in dieser Nacht bei mir schlief. Ich hatte den ganzen Abend geweint und war froh, dass ich jemanden hatte, der mir zuhörte.

So schnell der ganze Streit gekommen war, so schnell war er auch wieder vergessen. Schon am nächsten Tag waren meine Eltern wie ausgewechselt.

Vielleicht war es an der Zeit, dass ihnen endlich jemand sagte, um was es momentan eigentlich ging und dass das Letzte, was wir jetzt brauchen konnten, irgendwelche Eheprobleme waren.

Als ich eine Woche zu Hause war, war es Anfang Dezember, und ich musste in letzter Zeit ohnehin schon viel zu oft an meine Anfangszeit der Therapie denken. Irgendwie kam es mir vor, als würde sich alles unendlich ziehen. Ich hatte das Gefühl, die ganze Therapie dauerte bei mir viel länger als bei allen Anderen. Ich kannte außer den Schwestern auf der Station von „früher" kaum mehr jemanden. Ich war die, die am längsten dabei war und schon ein „alter Hase". Immer häufiger kamen jetzt die Situationen, in denen ich einfach keine Lust mehr hatte. Anfangs hatte ich dieses Gefühl nie, doch nun kam es beinahe wöchentlich, das Gefühl, einfach alles hinschmeißen zu wollen, zurück in mein normales Leben und wieder leben zu wollen. Ich wollte einfach, dass das alles jetzt ein Ende nahm. Doch ich durfte mich nicht beklagen. Ich hatte die besten Aussichten, hatte wirklich die Chance, dass ich den Krebs komplett besiegen konnte und er nie mehr zurückkommen würde. Wenn ich jetzt, kurz vor Ende, alles hinwerfen würde, dann wäre das alles umsonst gewesen. Die ganzen Schmerzen, die ich ertragen hatte, das ganze Erbrechen und dieser riesige Kampf, alles hätte ich mir sparen können. Ein wenig musste ich jetzt noch durchhalten, ein paar Monate noch, dann war der Albtraum vorbei.

Was mir immer mehr auffiel, war, dass sich von den vielen Menschen, die am Anfang meiner Krankheit die Neugier gestochen hatte, kaum mehr einer meldete. Wäre nur ein Viertel der Menschen, die plötzlich auf der Bildfläche erschienen, geblieben, ich könnte mich kaum mehr retten vor „Freunden". Es hatte sich alles geändert. Alte Bekannte, mit

denen ich zur Grundschule ging, grüßten meine Mutter nicht einmal mehr, wenn sie ihr über den Weg liefen, und ehemalige Freundinnen von mir meldeten sich einfach nicht mehr. Ich war froh, dass ich in diesem Jahr so viel gelernt hatte, über die Menschen und über ihr Verhalten und Denken, denn sonst wäre ich daran vielleicht zerbrochen. Von meiner ehemaligen besten Freundin, mit der ich früher fast täglich telefonierte, hatte ich seit über einem halben Jahr nichts mehr gehört. Verwandte von mir hatte ich seit Anfang meiner Therapie nicht ein einziges Mal gesehen. Es war komisch, doch es hatte etwas Gutes. Ich wusste, mit wem ich mich nicht mehr abgeben würde, wenn ich gesund war. Ich wusste, auf wen ich verzichten konnte und auf wen ich keine Rücksicht mehr nehmen brauchte. Und ich wusste, auf wen ich auch in Zukunft bauen konnte, denn die, die mir erhalten blieben, die würde ich nie mehr aus meinem Leben treten lassen. Die würde ich behalten, als gute, vielleicht als beste Freunde, für immer.

Anfang Dezember rief mich mein Onkel an, nur um zu hören wie es mir ging. Ob ich denn überhaupt noch Chemo bekam, fragte er. Dass ich das schon schaffen würde, so schlimm sei das ja auch nicht. „Ich glaube, Chemo kann man mit einer Magendarmgrippe vergleichen. Da ist einem eben ein paar Tage nicht so gut, aber dann wird es schon wieder besser", sagte er, als er eigentlich zum allerersten Mal seit meiner Diagnose mit mir redete, und ich hätte am liebsten den Hörer aufgelegt. Ich wusste nicht, was ich ihm darauf antworten sollte und entschied mich dann dafür, am besten einfach gar nichts zu sagen, denn ich hätte in diesem Moment für nichts garantieren können. Er selbst war neben meiner Lieblingstante der wohl größte Hypochonder, der auf dieser Welt existierte. Er war schon kurz vor einem Ohnmachtsanfall, wenn ein Krankenwagen nur an ihm vorbeifuhr. Und dann wollte er

mir allen Ernstes erklären, dass „Chemo ja wohl nicht so schlimm""
und „eher wie eine Magendarmgrippe" war. Klar. Aus diesem Grund
hatte ich auch meine Haare verloren und meine Mundschleimhaut hatte
sich bis zur Unkenntlichkeit aufgelöst. Ich war wütend. Wütend auf ihn
und auf all die Menschen, die meinten, mitreden zu müssen. Die überall
ihren Senf dazugeben mussten, obwohl sie in Wirklichkeit keinen blassen
Schimmer davon hatten, was wir Krebskranken in dieser schrecklichen
Therapie alles durchmachen mussten. Am liebsten hätte ich geweint,
geschrien und ihm vor die Füße gespuckt. Doch ich blieb ruhig. Auch
das hatte ich in diesem Jahr gelernt, das es nichts brachte, sich über die
Unwissenheit anderer Menschen aufzuregen.

Die Mutter eines Kindes aus der Klinik hatte mir nach meiner Operation
auch so eine Geschichte erzählt. Sie hatte ein Kind, Lilly, zwei Jahre alt
und das süßeste Baby, das ich je gesehen hatte. Sie war das wohl leben-
digste und lebensfrohste Kind auf unserer ganzen Station und hatte,
wie alle Kinder hier, keine Haare. Ihre Mama war mit ihr an einem war-
men Sommertag auf einem Spielplatz. Lilly hatte ein Tuch auf ihrem
Kopf und spielte mit anderen Kleinkindern. Ihre Mutter setzte sich auf
die Bank neben einen Mann und schaute ihr beim Spielen zu. Es war
heiß, Lilly zog sich ihr Tuch vom Kopf und dem Mann auf der Bank wären fast die Augen aus dem Kopf gefallen. Seine Frau und er riefen ihr
Kind zu sich, der Vater schrie: „Schnell, komm her. Geh weg von dem
Kind, das hat bestimmt Aids." Lillys Mutter schaute den Mann an, erklärte ihm, dass ihr Kind nicht an AIDS, sondern an Krebs litt und das ja
bekanntlich nicht ansteckend war. Daraufhin sagte der Mann zu seiner
Frau: „Es ist schon okay, sie kann mit dem Kind spielen. Das Mädchen
hat kein AIDS, sie hat nur Krebs." „Nur Krebs." Als hätte man es als
Krebskranker oder als Mutter eines krebskranken Kindes nicht schon

schwer genug, musste man sich auch noch das blöde Geschwätz von Nichtwissenden anhören. Manche Leute gehörten einfach windelweich geprügelt, und zwar so, dass sie nicht mehr wissen, wo vorn und hinten ist. Man kann nur hoffen, dass diese ahnungslosen, begriffsstutzigen und unterbelichteten Menschen Glück haben und selbst nie mit solch einer schrecklichen Krankheit konfrontiert werden.

Meine diesjährige Vorweihnachtszeit hatte ich mir so vorgestellt: Zu Hause, alles schön dekoriert, Plätzchen backen, Spekulatius, Weihnachtsgeschenke einpacken, Weihnachtskarten schreiben und verschicken, Weihnachtsbaum schmücken …

Doch was hatten wir schon früher gelernt? Richtig: Dass absolut nichts nach Plan lief. Ich hatte mich nach der letzten Chemo zu Hause fast schon eingesperrt. Ich war absolut kein Risiko eingegangen, weil ich die Vorweihnachtszeit dieses Jahr unbedingt anders verbringen wollte als im Jahr zuvor. Ja, ich wollte es so sehr.

Zwei Wochen nach meiner Chemo bekam ich dann Fieber. Obwohl mir die Ärzte versprochen hatten, ich würde nach den leichteren Chemos nicht mehr wegen irgendwelcher Komplikationen im Krankenhaus landen. Obwohl die Ärzte gesagt hatten, meine Schleimhäute und mein Blut würden nicht mehr so angegriffen werden. Ja, obwohl ich die „leichten Chemos" bekam, verbrachte ich die Vorweihnachtszeit dieses Jahr wieder in der Klinik. Ich war bitter enttäuscht. Von der Chemo selbst, weil ich noch öfter spucken musste als je zuvor, von meiner Schleimhaut, die es einen feuchten Dreck interessierte, ob die Chemo jetzt leichter war als bisher, und am allermeisten von den Ärzten, dass sie mir solche Versprechungen und Hoffnungen gemacht hatten und es am Ende doch immer wieder aufs Gleiche hinaus lief, nämlich auf Fieber.

Ich bekam gleich zwei verschiedene Antibiotika intravenös verabreicht. Anfangs waren sich die Ärzte zwar darüber einig, dass ich eine Infektion hatte, aber niemand hatte einen blassen Schimmer, um was für eine Art von Infektion es sich handelte. Meine Mundschleimhaut hatte sich wider Erwarten erholt, ich hatte weder Schnupfen noch Husten, hatte ausnahmsweise einmal keinen Durchfall und spucken musste ich auch nicht, wäre da nur nicht dieses Fieber gewesen. Der Verdacht fiel anfangs auf die Schweinegrippe, die Modekrankheit in diesem Jahr. Es bestätigte sich dann aber relativ schnell, dass ich eine „Sepsis" hatte, Keime im Blut. Mit anderen Worten eine beginnende Blutvergiftung. Da ich dann aber zwei Tage später auch noch starke Bauchschmerzen bekam, war es mir sofort wieder klar: Es war? Richtig, zusätzlich zur Sepsis auch noch eine Darmentzündung.

Ich hatte die Nase gestrichen voll. Ich hatte absolut keine Lust mehr, weder auf die Therapie noch auf sonst irgendwas. Ich hatte mich zu Hause zehn Tage lang eingesperrt. Kam nicht vor die Tür, weil überall Bakterien, Viren und natürlich die Schweinegrippe lauerten, und ich nur in meinem Zimmer sicher war – dachte ich. Es war alles umsonst. Die ganze Hygiene, das Aufpassen darauf, was ich aß oder wie oft ich mir die Hände desinfizierte. Das alles brachte rein gar nichts, und ich bekam einen richtigen Koller. Zwei Tage nach meiner stationären Aufnahme war mir nur noch nach Weinen zumute. Ich heulte Rotz und Wasser. Ich hatte mich in dem ganzen Jahr zusammengerissen, war die Vorzeigepatientin, die keinem Arzt widersprach, alles was Onkel Doktor sagte, fein und fleißig machte und nie auf die Idee gekommen wäre, auch nur einmal

Schwäche zu zeigen. Jeder hier kannte mich nur mit einem breiten Grinsen im Gesicht und strahlenden Augen, doch das war vorbei. Meine Therapie erstreckte sich jetzt wahrhaftig schon über ein ganzes Jahr, und ich hatte jetzt einfach genug. Ich konnte einfach nicht mehr. Geplant hatten die Ärzte, mich über ganze zwei Wochen hier zu behalten, weil meine Infektion komplette vierzehn Tage lang intravenös behandelt werden musste. Am zehnten Tag und mit miserablen Blutwerten, ließen mich die Ärzte dann doch nach Hause. Vier Tage musste ich noch ambulant zur intravenösen Verabreichung des Antibiotikums kommen und war genau einen Tag vor Weihnachten fertig.

Die Tage nach Ende der Antibiotikatherapie genoss ich zu Hause. Ich liebte diese Weihnachtsfeiertage noch mehr als früher, zumal ich letztes Jahr nicht wirklich was von ihnen hatte. Umso mehr feierten wir Heilig Abend dieses Jahr. Im Krankenhaus hatte ich die Zeit, meine Geschenke selbst zu machen, und so bekam dieses Weihnachtsfest eine ganz besondere Atmosphäre. Meinetwegen hätten die Feiertage gerade so weitergehen können, doch desto schöner die Feiertage waren, umso scheußlicher war es, ein paar Tage später wieder zur Chemo antreten zu müssen. Ich war gerade wieder fit und hatte mir durch das viele, leckere Weihnachtsessen mühsam ein paar Gramm angefuttert, da legte mich dieses Gift in kürzester Zeit wieder flach. Über Silvester war ich für den elften Block in der Klinik. Ich schlief die vier Chemotage durch, hatte ein Mädchen im Zimmer, das absolut nicht gesprächig war, und irgendwie waren wir wie aus zwei verschiedenen Welten. An meinem letzten Abend in der Klinik war dann Silvester. Ein Jahr war es nun her, dass ich bei mir zu Hause an meinem Schlafzimmerfester stand. Ein Jahr war vergangen, seit ich in dieser Nacht nach draußen schaute, während ich auf den Anruf meines Exfreundes wartete. Mein Leben lag damals in Scherben vor mir. Vor einem Jahr hatte ich mir so sehr gewünscht, dass die nächsten 365 Tage schon vorüber wären. Und nun? Was soll ich sagen, sie gingen vorbei, irgendwie. Die ganzen 365 Tage gingen vorbei. Das war das Gute. Dass die Zeit immer weiterlief. Sie blieb nicht stehen, für niemanden. Das war es, was mich die Therapie durchhalten ließ. Vor einem Jahr hätte ich nie gedacht, dass ich einmal wieder richtig glücklich sein könnte, trotz Krebs und trotz Chemotherapie. Dabei saß ich dieses Jahr an Silvester tatsächlich im Krankenhaus, hatte meine Chemo noch an meinem Infusionsständer hängen, meine Brechschale in der Hand, mein neuer Freund saß neben mir und mir ging es richtig gut. Ich feierte mit ihm, feierte, dass dieses schreckliche Jahr endlich vorbei war, dass ein neues Jahr beginnen konnte, in dem, verdammt noch mal, alles anders werden sollte. Das Jahr 2009 wollte ich komplett aus meinem Leben streichen. Theoretisch. Praktisch hingegen sah das ganz anders aus. Mir fielen immer mehr Dinge auf, die mich an meine Therapie erinnerten. Es waren nun nicht mehr nur Parfüms oder Duschgels aus der Anfangszeit meiner Therapie, die ich nicht mehr benutzen konnte. Nein. Es waren die blauen Handschuhe, mit der die Schwestern die Chemo anhingen und die ich in meinem Leben garantiert nie zum Putzen verwenden würde. Zu Hause hatte ich sie schon vor Monaten komplett aus unserem Putzschrank verbannt. Auch das Mineralwasser in diesen Plastikflaschen draußen auf dem Gang, würde ich in meinem Leben nie mehr trinken. Selbst meine Tante musste ihren Klingelton wechseln. Sie konnte ihn nicht mehr hören, den Klingelton ihres Handys aus der Zeit, in der wir auf den pathologischen Befund warteten. Doch zurück zu Silvester. Es war nun endlich da, das neue Jahr. Früher war ich eher pessimistisch – was würde dieses Jahr wohl so mit sich bringen. Ich war nie der Mensch, der Silvester gefeiert hatte. Eigentlich hatte es für mich etwas Beängstigendes, ich verband einen Neuanfang in der Regel immer mit etwas Schlechtem. Doch dieses Jahr war ich zuversichtlich, hatte das erste Mal keine Angst vor dem großen, unbekannten neuen Jahr.

An Neujahr durfte ich nach Hause, mein Blut war gut, und ich konnte sogar einige Male mitfahren, Essen holen. Essen gehen durfte ich nicht, es war Winter und einfach jeder war krank. Ich hätte mir den Tod geholt. In der ersten Woche zu Hause machte ich mir selbst ein verspätetes Weihnachtsgeschenk. Ich kaufte mir eine hochwertige Kamera, irgendwie hatte ich durch meine Krankheit Spaß daran gefunden, alle schönen Momente festzuhalten. Ich ging voll darin auf, knipste meinen Freund beinahe 500-mal, und es war toll, eine Beschäftigung gefunden zu haben, die mich ein bisschen von der Therapie ablenkte. Als ich ungefähr eine Woche zu Hause war, bekam ich höllische Rückenschmerzen, ich konnte mich kaum noch bewegen. Zuerst dachte ich, es wäre mein Rückenmark, das anfing, wieder neue Zellen zu bilden, doch da hatte ich mich getäuscht. Am nächsten Morgen bekam ich schon nach dem Aufstehen Fieber und kaum hatte ich mich versehen, war ich wieder in der Klinik. Das neue Jahr fing ja toll an. Ich hatte starken Schüttelfrost, hohes Fieber und meine Glieder taten mir weh. Meine Mundschleimhaut war völlig in Ordnung, und auch die Keime im Port hatte ich doch erst zwei Wochen lang mit Antibiotika behandeln lassen, was war das jetzt plötzlich? Ich musste natürlich stationär bleiben, bekam ein Einzelzimmer, damit ich niemanden ansteckte – das war das einzig Angenehme an dieser ganzen Fiebergeschichte. Auch am zweiten Tag wollte mein Fieber nicht sinken, sie probierten alles, ich bekam unzählige Medikamente gegen Fieber, doch nichts half. Zudem ging mein Blutdruck langsam aber sicher in den Keller. Sie mussten mir Fremdblut geben, um den Blutdruck wieder zu stabilisieren, doch das ging nur, wenn ich kein Fieber hatte. Ich hatte aber Fieber, also versuchten sie es mit der Volumentherapie. Sie gaben mir so viel Wasser, dass sich dadurch der Blutdruck wieder erholen konnte. Das funktionierte aber nicht, im Gegenteil. Ich lagerte das Wasser ein und speicherte die ganze Flüssigkeit, bis sogar mein Gesicht und meine Hände angeschwollen waren. Nun hätte ich eigentlich ein Medikament gebraucht, das mich das ganze Wasser wieder ausscheiden ließ. Das konnten sie mir aber nicht geben, weil dieses Medikament wiederum auf den Kreislauf und somit auf den Blutdruck schlug. Ein Teufelskreis, und meine Werte verschlechterten sich zusehends. Irgendwann gegen Abend bekam ich ein anderes fiebersenkendes Mittel, und kurz darauf beschlossen sie, zu versuchen, mir die Thrombozythen zu transfundieren. Doch auch dieser Versuch scheiterte, ich bekam Schüttelfrost, meine Temperatur schoss wieder in die Höhe, und das war´s. Ein paar Stunden später versuchten sie es damit, mir alle Fiebermittel auf einmal zu verabreichen und tatsächlich, meine Temperatur ging zum erstenmal nach unten. Die roten Blutkörperchen brauchten drei Stunden, bis sie transfundiert waren. Es waren lange drei Stunden, doch meine Temperatur hielt sich und mein Blutdruck verschlechterte sich zumindest nicht weiter. Irgendwann nachdem sie die Transfusion beendet hatten, war ich so fertig mit der Welt, dass ich einschlief, doch nach einer guten Stunde standen mein Vater, zwei Krankenschwestern und der Arzt neben meinem Bett und weckten mich hektisch. Ich war völlig durcheinander, doch dann war es mir klar, mein Blutdruck war wieder mal total im Keller. Das sah wohl mal wieder verdammt nach Intensivstation aus. Einmal mehr. So schoben sie mich auf die Intensivstation, und ich dachte, ich hätte da wenigstens meine Ruhe, doch Fehlanzeige. Ich musste mir einen großen Saal mit zwei Männern teilen, einem großen und einem kleinen. Der große lag schätzungsweise im künstlichen Koma und der andere war ungefähr 3 Jahre alt und sah quietschfidel aus, nachts um eins. Das waren tolle Aussichten. Um meinen Blutdruck besser unter Kontrolle zu haben, erklärten sie mir, bräuchte ich einen Schlauch in meinem Handgelenk, dort, wo man auch den Puls fühlte. Darüber könne man dann kontinuierlich meinen Puls und meinen Blutdruck genauestens überwachen. Da es keinen Sinn machte, sich zur Wehr zu setzen, ließ ich es über mich ergehen. Die gute Frau, die bei mir die Vene suchte, stach mir diesen fünfzehn Zentimeter langen Schlauch drei Mal in die Vene meines linken Handgelenks und traf kein einziges Mal. Dass sie ein halbes Blutbad angerichtet hatte und mir dabei höllisch weh tat, störte sie nur wenig. Sie muss in ihrem früheren Leben wahrscheinlich Metzgerin gewesen sein. Völlig unbeirrt von den drei Fehlstichen griff sie sich mein rechtes Handgelenk und legte dort weiter Hand an. Siehe da, sie traf beim ersten Mal. Es tat wieder unbeschreiblich weh, wie sie dieses Stäbchen durch die Vene bohrte, und als sie sagte, dass es nun passte, war ich schon fast dabei aufzuatmen, doch soweit waren wir noch nicht. Das Ganze wurde noch genäht, ohne Betäubung natürlich. Wer brauchte schon so was?

Ich war total erschöpft und in der Nacht war es fast vier Uhr, bis ich endlich wieder in den Schlaf fand, da der große Mann, der neben mir lag und nur durch einen Sichtschutz von mir getrennt war, wie Darth Vader atmete. Auch der kleine Junge war scheinbar alles andere als müde. Ihm fiel ständig irgendetwas neues ein, um nicht schlafen zu müssen. Ich machte kaum ein Auge zu und war am nächsten Tag wie gerädert. Doch keiner wusste, dass nun die ganze Plackerei eigentlich erst richtig begann. Am zweiten Tag auf der Intensivstation bekam ich heftigen Durchfall, konnte aber nicht auf die Toilette, weil ich ans Bett gefesselt war. Das Einzige was ich konnte war, mich ungefähr im Radius von einem halben Meter um mein Bett herum zu bewegen. Nun kam mein alter Freund wieder zum Einsatz, der Klostuhl. Jede halbe Stunde hatte ich die Ehre mein Geschäft auf ihm zu verrichten, und ich war am Rande des Nervenzusammenbruchs. Zu meinen Durchfällen kam noch dazu, dass ich mich des Öfteren übergab und starke Schmerzen im Bauch hatte, der durch das ganze angesammelte Wasser mittlerweile dem einer Schwangeren im sechsten Monat jegliche Show gestohlen hätte. Durch dieses angesammelte Wasser bekam ich zu allem Überfluss auch noch ein Rasseln auf der Lunge. Um eine Lungenentzündung frühzeitig ausschließen zu können, wurde mir auch noch meine Lunge geröntgt, auf der Intensivstation. Das passierte, indem sie den netten jungen Mann aus der Röntgenabteilung, der mich mittlerweile schon beim Namen kannte, mit seinem mobilen Röntgengerät auf die Intensivstation kommen ließen. Der Verdacht bestätigte sich dann aber Gott sei Dank nicht, das Rasseln kam nur vom eingelagerten Wasser und war harmlos. Mittags beschlossen die Ärzte, mir dann endlich eine Morphinpumpe anzuhängen, und das war der größte Gefallen, den sie mir machen konnten. Morphin führte zu Verstopfung, folglich ließ mein Durchfall nach und es machte „high". Ich sah das ganze Elend dann zwar schon noch, bekam auch alles mit, lag aber wie auf einer rosaroten Wolke, auf der alles nur noch halb so schlimm und mir völlig egal war.

In den letzten Tagen hatte ich nichts mehr gegessen, durch die vielen Medikamente, die ich bekam, das Erbrechen, die Bauchschmerzen und eben auch den Durchfall, hatte ich keinen Appetit. Irgendwann überredete mich dann eine Krankenschwester doch zu einer Nudelsuppe und siehe da, sie schmeckte mir sogar und es tat richtig gut, endlich wieder etwas im Magen zu haben. Auch meine Mutter war sichtlich erleichtert, bis plötzlich die Tür aufging und eine rothaarige junge Frau vor mir stand.

Ihren Namen hatte ich, dank Morphin, schon vergessen, bevor sie ihn überhaupt ausgesprochen hatte. Was jedoch anschließend passierte, zerstörte jegliche Aussichten auf Sympathie gegenüber dieser Frau meinerseits. „Ich komme zur Krankengymnastik, wie geht's dir denn?" Kurz wusste ich nicht, wo ich diese Frau einordnen sollte, verstand dann aber, dass meine Physiotherapeutin wohl Urlaub hatte und dieser Rotschopf die Vertretung für sie war. Ich löffelte immer noch genüsslich meine Suppe und konnte kaum auf ihre Frage antworten, schon hatte mir diese Frau meinen Suppenteller samt Löffel aus der Hand genommen. Das ganze rundete sie dann noch mit dem Kommentar ab, „Mit dem Essen klappt es bei dir ja gerade sowieso nicht so". Ich verstand die Welt nicht mehr. Total perplex und dank Morphin ein wenig in meiner Reaktionszeit beeinträchtigt, saß ich nur da und fühlte mich wie ein kleines Kind, dem man gerade seine Riesenportion Schokoeis vor der Nase weggeschnappt hatte. Da auch meine Emotionen vom Morphin beeinträchtigt waren, musste ich mich ernsthaft zusammenreißen, sonst hätte ich postwendend angefangen loszuheulen. Ich konnte es kaum fassen, wartete immer noch auf die Frage, ob ich überhaupt in der Lage war, Krankengymnastik zu machen, und außerdem blieb auch die Frage, ob ich vielleicht vorher zu Ende essen wolle, aus. Sie zog einfach nur ihr Programm durch, lächelte mich freundlich an, doch am liebsten hätte ich mich wie ein kleines Kind mit Trotzkopf und verschränkten Armen vor der Brust hingesetzt und protestiert. Dieses Verhalten stand aber dann doch eher dem kleinen Jungen im Bett gegenüber von mir zu, und somit ließ ich die Prozedur über mich ergehen. Mit einem knurrendem Magen und einer Stinkwut.

Als ich drei Tage später wieder auf Normalstation lag, ließen mir die Ärzte den Spaß am Morphin noch eine Weile, doch gegen Ende der

Woche stellten sie ihn mir ab. Innerlich hatte ich mir gewünscht, sie würden es mir die ganze Therapie voll geben, es war herrlich, das ganze Geschehen hier völlig vom „Leck mich am Arsch-Standpunkt" aus zu sehen. Ich hatte hier glücklicherweise immer noch ein Einzelzimmer und die vielen Fenster, die es auf der Intensivstation gab, waren verschwunden. Ich hatte meine Ruhe, was ich nicht zuletzt meinen Darmbakterien zu verdanken hatte, die ich mitgeschleppt hatte. Ich war wieder einmal unter Quarantäne, wie damals nach der Operation. Ich durfte eine gefühlte Ewigkeit mein Zimmer nicht verlassen und irgendwie bekam ich hier in diesem Krankenhaus sowieso langsam den Lagerkoller. Es war zu allem Überfluss auch noch Wochenende, irgendwie kam alles zusammen. Am Wochenende war auf dieser Station hier nie etwas los, alles lief auf Sparflamme. Körperlich begann es mir besser zu gehen, aber meine Psyche machte keine Anstalten aus dem Loch wieder herauszukrabbeln, in welches sie nach Absetzen des Morphins urplötzlich gefallen war. Ich versuchte mich immer zusammenzureißen, ich war freundlich zu den Schwestern, versuchte zu lächeln, wenn die Ärzte hereinkamen, dabei war es mir alles andere als zum Lachen zumute. Sonntags erreichte meine Laune den absoluten Tiefpunkt. Seit meiner Suppe, die mir aus der Hand gerissen wurde, hatte ich nichts mehr gegessen, hatte in der letzten Woche vier Kilo abgenommen, mein mühsam angefutterter Winterspeck war komplett verschwunden. Ich bestand wieder einmal nur noch aus Haut und Knochen. Meine Eltern kamen an diesem Tag beide zu Besuch, gleichzeitig, das gab es im letzten Jahr eigentlich nie. Sie hatten mir Getränke mitgebracht und Litschis, weil ich die so gerne gegessen hatte. Doch selbst darauf hatte ich keine Lust. Ich war mit den Nerven völlig am Ende, ich wollte nicht mehr. Ich konnte nicht mehr. Selbst mein Lieblingsarzt suchte das Gespräch mit mir, versuchte mich aufzubauen, mit mäßigem Erfolg. Ich war ausgelaugt, ich konnte einerseits nicht glauben, dass das Ganze hier irgendwann ein Ende nehmen sollte und gleichzeitig konnte ich mir nicht vorstellen, dass ich die nächsten drei Chemos überstehen würde. Dabei waren diese drei Chemos nichts, im Gegensatz zum vergangenen Jahr.

Ich hatte jetzt elf Chemos hinter mir, mindestens zehn Fieberaufenthalte, eine Stammzellenentnahme, sechs Wochen Bestrahlung und unzählige Operationen, doch der Arzt hatte es richtig erkannt. Bei mir hatte die Therapie und das Durchhalten nicht mit der Diagnose „Krebs" begonnen. Bei mir begann das Durchhalten, die Ungewissheit, das ständige Auf und Ab schon vor über vier Jahren, und das war einfach zu viel. Doch er riet mir auch davon ab, meine Therapie jetzt abzubrechen. Die nächsten drei Chemos und die Nebenwirkungen, die vielleicht kommen würden, waren um ein Vielfaches überschaubarer, als es ein möglicher Rückfall wäre. Ich würde mir mein Leben lang Gedanken machen. Ob es nicht besser gewesen wäre, die Therapie vollends durchzuziehen. Ich durfte nicht einfach aufgeben, nicht jetzt, auf den letzten paar Metern. Falls nach Abbruch der Therapie irgendwann ein Rezidiv auftreten würde, dann wäre die Therapie nicht mehr so „einfach" wie die jetzige. Und die war – meiner Erfahrung nach zu urteilen – schon mehr als hart genug. Hochdosis-Chemo, Stammzellentransplantation und weiß der Geier was alles auf mich zukommen würde. Und dann wären da noch die Vorwürfe, die ich mir machen würde, weil ich wegen drei Chemos alles hingeschmissen hatte. Weil ich aufgegeben hätte, so kurz vor dem Ziel.

Der Gesunde weiß nicht,
wie reich er ist.

Im Februar wollte ich mir unbedingt noch eine neue Perücke zulegen. Nachdem meine Echthaarperücke in letzter Zeit im Dauereinsatz war, sah man ihr die Strapazen regelrecht an. Kurzum fragte ich bei einem der teuersten Friseure in unserer Umgebung nach, und die Preise für eine simple Kunsthaarperücke ließen mich nahezu aus den Latschen kippen. Ich machte einen Beratungstermin aus, was mich aber nicht davon ab-brachte, dass ich mich anschließend noch in einem speziellen Perücken-shop umsah. Doch auch da, Ernüchterung. Das Perückengeschäft sah von außen einladender aus als von innen, und ich hätte am liebsten auf der Schwelle wieder kehrt gemacht. An einem kleinen Tisch, der wohl symbolisch als eine Art Empfangstresen dienen sollte, saßen zwei Frauen ungefähr in meinem Alter. Eine kleine, etwas maskuline Frau und dane-ben eine Südländerin mit schönen langen, dicken, schwarz-gelockten Haaren. Was hätte ich in diesem Moment dafür gegeben, diese Haare zu haben?! Vielleicht meinen großen Zeh, aber da der nicht mehr vor-handen war, gab ich mich weiterhin mit meiner abgetragenen Perücke zufrieden. Als ich den beiden erklärt hatte, dass ich auf der Suche nach einer neuen Haarpracht war, schauten sie mich ungläubig an und nach einem peinlichen Augenblick des Schweigens drehte sich eine der bei-den um und verschwand im Nebenzimmer. „Der Chef kommt gleich", gab mir die Südländerin zu verstehen, und ich hoffte, bei ihm auf mehr Verständnis zu stoßen – Fehlanzeige. Aus dem Nebenzimmer steuerte mir ein kleiner, dicker Mann mit vielen Tattoos, Piercings und schulter-langem, fettigem Haar entgegen. Er sah aus, als wäre er gerade irgend-wo ausgebrochen. Aber auch dieser verstand nicht wirklich, was ich von ihm wollte, bis mir nichts mehr anderes übrig blieb, als vor der ganzen versammelten Mannschaft blank zu ziehen. Da stand ich nun mit Glatze, umgeben von drei ungläubig dreinschauenden Friseuren, und versuchte ihnen mit Händen und Füßen zu erklären, was ich brauchte. Da mir die Perücken zu teuer waren, wollte ich einfache Extensions, die ich mir in meine Perücke nähen wollte. Sie erklärten mir, dass meine alte Perücke keinesfalls mehr zu retten war und dass ich mir überlegen sollte, ob ich nicht doch eine teure Echthaarperücke haben wollte. Genau das wollte ich aber nicht. Ohne Spiegel setzte ich meine Perücke wieder auf und verließ den Laden so, wie ich ihn betreten hatte. Einmal mehr hinterließ ich drei verdutzte Gesichter. Es war schon schlimm, wie manche Menschen auf eine Glatze reagierten. Als hätten sie so etwas noch nie gesehen. Auch die Drei in diesem Perückenshop hatten mich angestarrt, als käme ich von einem anderen Planeten. Ich hatte in der Zwischenzeit meistens nur noch ein Tuch auf dem Kopf, weil ich keine Perücken mehr sehen konnte. So sah man an meinen Schläfen, dass ich eine Glatze hatte. Ich war oft schon kurz davor, Schaulustigen denen die Augen fast aus dem Kopf fielen, einfach zu fragen, ob sie ein Foto brauchten. Eigentlich hätte ich mir Visitenkarten drucken lassen sollen, und jedem Passanten, der mich anstarrte, kommentarlos eine zustecken sollen. Aber weil meine Therapie demnächst zu Ende war, hätte sich das nicht mehr wirklich gelohnt. Schade eigentlich.

Anfang März bekam ich meine vorletzte Chemo. Ich vertrug sie zu meiner Überraschung recht gut und musste mich nur ein einziges Mal übergeben, wie immer gleich zu Beginn. Kaum hatten sie mir die Chemo angehängt, verbreitete sich in meinem Mund dieser widerwärtige, plastikähnliche Geschmack, von dem ich urplötzlich einen Brechreiz bekam, und schon hing ich über der Spuckschale. Das wievielte Mal es war, dass ich in den letzten eineinhalb Jahren gespuckt hatte? Ich weiß es nicht. Genau wie ich irgendwann aufgehört hatte, zu zählen, wie oft sie mir in den vergangenen fünfzehn Monaten irgendwelche Nadeln in meine Haut bohrten. Egal, ob es die vielen Fingerpiekse im Labor waren, das normale Blutabnehmen in meiner Ellbeuge, die sich in der Zwischenzeit eigentlich eine zentimeterdicke Hornhaut hätte zulegen müssen oder das Anschließen des Ports, wobei sie mir zwei Zentimeter lange Nadeln ohne Betäubung unter meinem Schlüsselbein in die Haut jagten. Das Einzige was ich mitgezählt hatte, waren meine Krankenhausaufenthalte im vergangenen Jahr, und ich kam auf sage und schreibe mehr als dreißig. Mindestaufenthalt – jeweils vier Tage. Ich hatte also geschätzt knappe 200 Nächte im Krankenhaus verbracht. Wie ich das geschafft und überstanden hatte? Ich wusste es selbst nicht mehr. Ich wusste nur, dass das alles der pure Wahnsinn war. Der pure Wahnsinn war auch, dass die nächste Chemo meine letzte sein würde.

Als ich mich Anfang März auf mein vorletztes Zelltief vorbereitete, ging mir irgendwie viel zu viel durch meinen haarlosen Kopf. Ich stand kurz vor dem Ende meiner Therapie, und in Gedanken ließ ich alles Erlebte noch einmal Revue passieren. In den vergangenen eineinhalb Jahren hatte ich kaum die Gelegenheit, über meine Krankheit und über mein späteres Leben nachzudenken. Ich funktionierte einfach, hatte neben den ganzen Chemos, der Bestrahlung, den vielen Fieberaufenthalten und den Schmerzen nicht auch noch die Kraft dazu, mir über das ganze Elend auch noch Gedanken zu machen. Doch jetzt, wo alles fast vorbei war, hatte ich die Zeit und auch die Gelegenheit, mich auch im Geiste mit dem Thema Krebs auseinanderzusetzen, konnte nachdenken, über mein Leben und über das Leben der anderen auf dieser Krebsstation. Nach welchen Kriterien wurde Leid verteilt und was machte das Leben überhaupt lebenswert? Was hatten die Kinder auf unserer Station verbrochen, dass sie dazu verurteilt waren, vielleicht niemals erwachsen werden zu dürfen? Alles war so unfair und so unendlich schrecklich. In solchen Momenten begann ich daran zu zweifeln, dass das Leben überhaupt einen Sinn machte und dass es irgendwo auf dieser Welt Gerechtigkeit gab. Es gab genug böse Menschen auf der Welt. Mörder, Kinderschänder und Vergewaltiger. Warum nur schlug das Schicksal bei ihnen nicht so schonungslos zu wie bei den ganzen Kindern auf unserer Station? – Kinder, die man wieder nach Hause schickte, weil man ihnen nicht helfen konnte. Menschen, die verzweifelt für Biopsien in die fernsten Länder reisten, nur aus der Hoffnung heraus, dort jemanden zu finden, der ihnen helfen konnte. Ich wünschte niemandem solch ein Schicksal, aber wenn es unbedingt jemanden treffen musste, warum dann nicht diejenigen, die so kaltblütig waren und anderen Menschen das Leben nahmen? Oder die, die sich an kleinen Kindern vergriffen? Diese Gerechtigkeit gab es nicht. Stattdessen versuchte man, sich die Therapie irgendwie schönzureden – wenn das überhaupt möglich war. Klar versuchte ich das auch. Ich redete mir ein, mich erst durch diese Therapie selbst gefunden zu haben und in dieser ganzen schrecklichen Zeit innerlich gewachsen zu sein. Stärker und erwachsen geworden zu sein – alles Quatsch. Das Einzige, was man in dieser Therapiezeit lernte, war kälter und egoistischer zu werden, härter zu werden, sich selbst, hauptsächlich aber anderen gegenüber. Wenn ich von jemandem hörte, der nur eine zwanzigprozentige Überlebenschance hatte, dann rührte sich in mir heutzutage kaum mehr etwas. Früher hätte mich dieses Wissen vor Betroffenheit beinahe um den Verstand gebracht. Jetzt nahm ich solch eine Information nur noch auf und legte sie ab, irgendwo dort, wo mein Gefühl und meine Emotionen nicht rankamen. Ich hatte gelernt, zwischen mir und den anderen zu unterscheiden und hauptsächlich und in erster Linie an mich selbst zu denken. Wenn man sich über alle anderen Patienten hier auf der Station zusätzlich noch Gedanken machte, dann wäre man dabei, sein eigenes Grab zu schaufeln. Man musste zwischen sich und den anderen eine Mauer bauen. Diese Mauer fing damit an, nicht gleich mitzukotzen, wenn die Bettnachbarin mal wieder ihre Brechschale umarmte, und hörte bei dieser zwanzigprozentigen Überlebenschance auf. Brauchte ich also solch ein Schockerlebnis, die Todesangst und eine Kinderkrebsstation, um zu wissen, wo ich im Leben stand? Vielleicht. Vielleicht half mir diese Sichtweise aber auch nur, diese Krankheit und die Therapie überhaupt irgendwie unbeschadet zu überleben.

Meine letzte Chemo bekam ich Anfang April. Geschlagene sechzehn Monate nach meiner ersten Nacht auf dieser Station. Ich war damals auf vieles gefasst, mit fast eineinhalb Jahren hatte aber selbst ich nicht gerechnet. Ich war morgens schon um acht Uhr in unserer Ambulanz. Meine Blutwerte hatten seit der letzten Untersuchung einen ganz schönen Satz nach oben gemacht, also stand der allerletzten Chemo nun nichts mehr im Weg. Ich kam zu Annika aufs Zimmer. Schon als ich ihren Namen hörte, klingelten bei mir alle Alarmglocken. Sie hatte den selben Tumor wie ich und litt jetzt unter einem schweren Rückfall. Ich kannte sie aus Erzählungen, hatte gehört, dass es sie böse erwischt haben soll. Sie erzählte mir, dass selbst die Ärzte der Station ernsthaft daran zweifelten, dass sie jemals wieder gesund werden würde. Es war schwer für mich. Ich kam hier an, mit Pauken und Trompeten läutete ich meine letzte Chemo ein und dann das. Zum einen traute ich mich nicht, mich über meine letzte Chemo zu „freuen", weil ich Annika gegenüber ein schlechtes Gewissen hatte. Zum anderen, und was noch viel schlimmer war, begann mein Fundament aus Hoffnung und Zuversicht, das ich mir in den letzten eineinhalb Jahren mühsam aufgebaut hatte, langsam, aber sicher zu bröckeln. Ich konnte mich nicht über meinen letzten Chemoblock freuen, während es dem Mädchen neben mir so schlecht ging.

An meinem zweiten Chemotag kam Peter zu Besuch. Im Schlepptau hatte er Frau F., die Psychologin der Station, und Herrn R., Journalist. Er wollte mit Peter und mir ein Interview führen und wir standen ihm geschlagene zwei Stunden Rede und Antwort. Er wollte alles genauestens wissen, und für Peter und mich war es eine willkommene Abwechslung zu unserem mittlerweile schon langweilig und zur Routine gewordenen Therapiealltag. Während ich nach dem Interview sogar zu spät zu meiner letzten Chemo erschien, dokumentierte der Journalist alles, was er zu hören und sehen bekam. Eine Woche später sollte der Artikel in der Stuttgarter Zeitung erscheinen. Peter und ich waren jetzt schon gespannt.

Zwei Tage später durfte ich nach Hause. Doch genau diese zwei letzten Tage waren voll neuer, negativ belastender Eindrücke. Dass Annika im Bett neben mir lag, machte mir schwer zu schaffen. Wie sollte ich nach diesen Tagen noch optimistisch die Zukunft schauen? Das Mädchen neben mir hatte ebenfalls vor einem Jahr ihre eigentlich letzte Chemo. Und nun? Lag sie da, mit diesem schweren Rückfall. Ich brauchte gut einen Monat, bis ich das Ganze zumindest ansatzweise verdaut hatte. Aber alles Grübeln half nichts. Ich konnte mich nun verrückt machen und mir diese schöne Zeit, in der ich endlich wieder gesund war, durch Ängste und Horrorvorstellungen zunichte machen. Oder ich konnte einfach abwarten. Ändern konnte ich so oder so nichts. Es kam, wie es kommen sollte.

Eine Woche nach dem Zeitungsinterview kam der Artikel tatsächlich in der Zeitung. Eine komplette Seite, nur über Peter und mich, mit zwei riesigen Bildern. Auf einem war Peter, der – zugegeben – selbst ganz ohne Augenbrauen und Wimpern richtig gut aussah und auf dem anderen Bild war ich. Es war das Bild, das auch bei uns auf der Station in Postergröße auf dem Flur hing. Das Bild, das mich seit Ende meiner VIDE-Blöcke eigentlich täglich begleitete. Ich warf darauf meine langmähnige Perücke mit Schwung hinter mich. Es war auch mein persönliches Lieblingsbild aus der kompletten Therapiezeit.

Da lag nun die Zeitung vor mir auf dem Küchentisch. Ich hatte es wirklich geschafft. Das erste Mal in meinem Leben war ich richtig stolz auf das, was ich im letzten Jahr erreicht hatte. Ich hatte mich aus der Depression hoch gekämpft, neuen Lebensmut gefasst, meine erste große Liebe hinter mir gelassen, meine zweite, noch größere Liebe gefunden, über ein Dutzend harte Chemoblöcke mit vielen Infektionen und anderen kleinen oder größeren Komplikationen hinter mich gebracht. Vierunddreißig Bestrahlungen und eine Amputation hatte ich hinter mir, und ich fungierte seit gut einem halben Jahr auf Station als „Vorzeigepatientin" für die Mädchen, die noch ganz am Anfang ihrer Therapie standen. Hätte das vor eineinhalb Jahren jemand zu mir gesagt, ich hätte ihn für verrückt erklärt. Ich konnte mich noch genau daran erinnern, an die Angst, die ich hatte, als damals der Verdacht auf Krebs aufkam. Wie sollst du das nur überleben?", hatte ich mich damals gefragt und wäre froh gewesen, auf diese Frage eine Antwort bekommen zu haben. Nun hatte ich die Antwort. Schwarz auf weiß, in der Zeitung auf unserem Küchentisch.

Es dauerte eine Weile, bis ich wirklich realisierte, dass die Zeit der Chemotherapie jetzt endgültig vorbei war. Drei Wochen hatte ich Zeit zum Erholen, dann standen die Abschlussuntersuchungen an. Ich war erst ein paar Tage von meiner letzten Chemo zu Hause, als ich ein Schockerlebnis hatte, dass mir mal wieder zeigte, wie froh ich sein musste, dass ich jetzt wirklich gesund war. Ich stieg abends in die Badewanne und freute mich auf ein entspannendes, heißes Bad. Als ich mich ausgezogen hatte, tastete ich flüchtig meine Brust ab – das machte ich hin und wieder, weil es mir mein Frauenarzt so geraten hatte. Als ich so an meiner Brust herumdrückte, spürte ich auf einer Seite etwas Hartes. Ich hatte schon mal eine Zyste in der Brust, sie war harmlos und in den ersten Sekunden tröstete ich mich mit diesem Wissen, redete mir kurz ein, ich würde mir nur wieder einmal etwas einbilden. Doch dann blieb mein Herz für einen kurzen Moment vor Schreck fühlbar stehen. Stopp, da war doch was: Ich hatte Krebs! Plötzlich war der Brustkrebs gar nicht mehr so weit weg, plötzlich war es mir, als würde er mir schelmisch auf die Schulter tippen und sagen: „Ätsch, an deinem Zeh bin ich weg, aber jetzt mache ich in deiner Brust weiter. So einfach wirst du mich nicht los." Mein heißes Bad konnte ich knicken. Ich hatte jetzt keinen Kopf dazu, mich zu entspannen. Mein Herz begann zu rasen, und ich fühlte mich wie nach einem Marathonlauf. Ich stand nackt vor dem Spiegel, meine Augen füllten sich mit Tränen und es hätte nicht mehr viel gefehlt, dass ich wieder heulend in unserem Badezimmer zusammengebrochen wäre. Das Ganze ließ mir den ganzen Abend keine Ruhe mehr und auch bei Nacht fand ich nicht wirklich in den Schlaf. Am nächsten Morgen ging ich unverzüglich mit meiner Mutter zum Frauenarzt. Ich stand wie neben mir und mir wurde einmal mehr bewusst, wie dankbar man für einen Tag sein musste, an dem wirklich alles glatt lief und es einem gut ging. Der Frauenarzt tastete mir meine Brust ab und sagte gleich, er könne mich beruhigen. Er fühlte nichts, was nicht normal wäre und zu meiner Beruhigung machte er sogar noch eine

Ultraschalluntersuchung. Es war alles okay. Ich lebte und mein Krebs war nach – wie vor – weg.

Am Wochenende nach diesem Schockerlebnis ging ich mit meinem Freund essen. Ich hatte meine Kamera dabei, und als wir auf dem Weg in das Restaurant waren, ging gerade die Sonne unter. Wir hielten an, um auf einer großen Wiese ein paar Fotos zu machen. Da ich noch meinen Behindertenschuh anhatte, lief ich langsam über die Wiese, doch alles Aufpassen half nichts. Nachdem wir die Bilder gemacht hatten, wollte ich zurück ans Auto laufen und trat mit meinem operierten Fuß geradewegs in ein Loch. Ich knickte weg und landete der Länge nach auf dem Gras. Ich hatte Schmerzen, dass ich dachte mein Fuß wäre gebrochen. Das Essen hatte sich erledigt, und eigentlich hätten wir direkt ins Krankenhaus fahren können. Da ich aber erst die Woche zuvor diese schreckliche Situation mit dem eingebildeten Knoten in der Brust hatte, wollte ich nicht schon wieder einem Weißkittel gegenüberstehen. Ich hatte eine gute Woche später sowieso den Termin für die Abschlussuntersuchungen und bis dorthin humpelte ich fleißig an meinen Krücken durch die Welt. Es war ja nicht so, als würde ich es nicht kennen. Im Gegenteil, mittlerweile waren mir meine Krücken und mein Vorfußentlastungsschuh vertrauter als ein normaler Schuh. Eine Woche lang hatte ich höllische Schmerzen, konnte nicht auftreten und nahm Schmerztabletten Aber ins Krankenhaus wollte ich nicht, wenn ich nicht zwangsläufig musste oder einen Termin hatte. Mein Fuß war zwar geschwollen, aber nicht blau, und da ich in Sachen Selbstdiagnose in den letzten Jahren viel Erfahrung sammeln durfte, war ich mir so gut wie sicher, dass der Fuß einfach nur verstaucht war. Trotzdem hatte ich immer mal wieder Zweifel – abends wenn ich alleine im Bett lag oder beim Einkaufen, wenn man schön viel nachdenken konnte. Doch ich musste endlich aufhören, ständig Angst vor einem Rückfall zu haben. Ich durfte nicht bei jedem kleinen Wehwehchen gleich an Krebs denken. Jetzt, wo ich fertig war mit der Therapie und eigentlich wieder unbeschwert leben könnte. Wenn ich mich wegen jedem Zwicken verrückt machte, dann könnte ich medizinisch gesehen wieder leben, psychisch wäre es aber ein Ding der Unmöglichkeit. Ich hielt also tapfer die zehn Tage bis zu meinen Abschlussuntersuchungen durch. Es war Montag, der 26. April 2010, der Tag meines Therapieendes. Ich war schon früh in der Ambulanz und musste alle Untersuchungen durchlaufen, die ich damals vor eineinhalb Jahren schon über mich ergehen lassen musste. Sie röntgten meinen Fuß, und danach wurde mir Blut abgenommen. Ich musste Urin abgeben und zum Hörtest, zum Ultraschall meiner Organe, zum EKG sowie zum EEG. Zu meiner Überraschung war ich schon am Mittag mit all meinen Untersuchungen fertig. Bisher sah alles gut aus, doch ich wusste, dass die Ärzte die Befunde erst gegen Nachmittag auswerteten. Und was mit meinem verstauchten Fuß war, wusste ich auch noch nicht. Außerdem hatte ich noch ein Abschlussgespräch mit einem Arzt erwartet. Doch das übernahmen die Schwestern. Sie erklärten mir, welche Tabletten ich absetzen und welche ich weiter nehmen sollte. Und sie erklärten mir, dass ich jetzt hinaus könne in die Freiheit. Sie seien jetzt nicht mehr für mich zuständig. Meine Therapie sei vorbei. Zum Abschied bekam ich einen Shopping-Gutschein. Ich war eine der wenigen Patienten, die seit einer gefühlten Ewigkeit in diese Ambulanz kamen und von nun an sollte ich nicht mehr hierher gehören. Meine Therapie war jetzt wirklich zu Ende. Meine Abschlussuntersuchungen waren alle okay, sonst hätten sich die Ärzte in den nächsten Tagen telefonisch gemeldet. Doch das geschah nicht. Allgemein geschah erst einmal eine Weile gar nichts, und das war ungewohnt. Da war nichts mehr, auf das ich hinarbeitete. Da war kein

Therapieende mehr, das sich hätte verschieben können, wenn ich jetzt krank geworden wäre. Und da war niemand, den ich anrufen konnte, wenn irgendwas nicht stimmte. Da stand ich nun, auf meinen eigenen Beinen. Selbstständig, und das, nachdem ich zwei Jahre eigentlich nur „Kind" war. Es war komisch, positiv komisch. Aber es fehlte einfach etwas. Doch ich war froh, dass ich dieses Kapitel nun endlich abschließen konnte. Das Kapitel „Chemotherapie" war zu Ende. Jetzt kam nur noch eine letzte Operation, irgendwann in den nächsten Wochen. Und dann war der ganze Albtraum komplett vorbei. Unglaublich!

Eine Woche nach meinen Abschlussuntersuchungen ging ich abends, wie so oft wenn es mir in den letzten Monaten gut ging, mit meinem Freund essen, zum Chinesen. Es war eines unserer Lieblingsrestaurants. Wenn man es überhaupt „Restaurant" nennen konnte. Eigentlich hatte es viel mehr etwas von McDonalds. Es war ein Schnellrestaurant. Der Inhaber kannte uns schon, hatte mich aber noch nie auf meine Krankheit angesprochen. Er sah uns fast wöchentlich, und ich tauchte jedesmal anders auf. Egal ob mit Haaren und normalen Schuhen. Mit Kopftuch und Behindertenschuh, mit Haaren und Krücken. Mit Kopftuch und normalen Schuhen, er erkannte mich immer. Als ich das erste Mal nur mit Kopftuch vor ihm stand, begrüßte er meinen Freund und mich mit einem „Hi Jungs!". Ich musste mir das Lachen verkneifen und dabei fiel mir auf, dass ich in den ganzen vergangenen eineinhalb Jahren noch kein einziges asiatisches Kind auf unserer Krebsstation gesehen hatte. Woran lag das? An der gesunden Ernährung der Asiaten? Oder an ihrer Lebenseinstellung? Oder an ihrer Lebensweise? Dabei war doch dieser Kontinent auf dem Vormarsch. Ich wusste es nicht und hatte auch nicht mehr den Drang, mich weiterhin ernsthaft damit zu beschäftigen. Langsam musste ich lernen, ein bisschen Abstand zu diesem Thema zu bekommen. Irgendetwas zwang mich dann aber doch noch mal über meine Krankheit nachzudenken. Es war mein Glückskeks, den ich öffnete, nachdem ich meine Nudelbox und drei Frühlingsrollen gegessen hatte. Diese Glückskekse, oder vielmehr deren Inhalt, hatten mich bisher eigentlich wenig interessiert. Ich hielt es sowieso für Humbug, und warum sollte ich an etwas glauben, das nicht bewiesen war. Nach meiner Krankheit fiel mir das ohnehin noch viel schwerer als vorher schon. Doch als ich dann, eine Woche nach meinen Abschlussuntersuchungen, die mir bestätigt hatten, dass ich gesund war, diesen Glückskeks öffnete, stand auf dem Zettel darin: ,,Der Gesunde weiß nicht, wie reich er ist." Ich saß da und meine Augen füllten sich für einen kurzen Augenblick mit Tränen. Ich bekam Gänsehaut und saß für einen Moment völlig sprachlos da. Ich wusste, wie reich ich war, denn für diesen Reichtum hatte ich lange und hart gekämpft.

Zwei Wochen nach diesem überaus emotionalen Erlebnis bekam ich freitagabends einen Anruf von meinem Chirurgen. Ich sollte gleich nach diesem Wochenende operiert werden. Ich kam montags in die Klinik, wurde dienstags operiert und donnerstags war ich schon wieder zu Hause. Es war gut, dass das Alles so kurzfristig geschah. Umso weniger Zeit hatte ich, mir über das alles Gedanken zu machen. Wobei diese Operation im Gegensatz zu dem, was ich schon hinter mir hatte, ein Klacks war. Eine Stunde, hatte der Chirurg gesagt, würde ich operiert werden. Den Knochen müsse er kürzen, die Schrauben kämen raus und den Hautlappen würde er straffen. Ich überstand alles ohne größere Blessuren und war schon am Wochenende wieder auf Partys. Das hatte ich gelernt, dass ich über das alles am besten nicht nachdenken durfte.Und ich durfte mir meinen Alltag von solchen Kleinigkeiten wie irgendwelchen Operationen nicht vermiesen lassen.

Als ich zu Hause versuchte, auf einem Bein mein Zimmer aufzuräumen, war meine Mutter einkaufen. Sie traf zufällig eine ehemalige Schulfreundin von mir und deren Mutter. Es war komisch. Seit meine Therapie vorbei war, grüßten plötzlich alle wieder und taten, als wäre nichts geschehen. Aber wo waren diese Menschen während meiner Therapie? Es sei eine riesige Hemmschwelle, die sie einfach nicht übertreten konnte, sagte die Mutter meiner Schulkameradin. Es war einfach nur gemein. Ich konnte damals doch auch nicht zu meinem Arzt sagen: „Wissen Sie, gegenüber der Krankheit habe ich noch eine gewisse Hemmschwelle. Ich brauche erst ein bisschen Zeit, um mich an den Gedanken zu gewöhnen. Melden Sie sich doch bitte einfach in drei Wochen noch mal, bestimmt passt es mir da besser." Nein, man selbst wurde völlig rücksichtslos mit dieser schrecklichen Diagnose konfrontiert. Dem Krebs war es scheißegal, ob er momentan ins Lebensbild und in die Zukunftspläne der Kranken passte. Er war einfach da, und man musste ihn bekämpfen. Jetzt und am besten schon gestern, völlig egal, ob man mit der Diagnose leben konnte oder nicht. Völlig egal, ob man gerade etwas ganz anderes geplant hatte und völlig egal, wie groß die Hemmschwelle war.

Im Mai feierte ich wieder meinen Geburtstag. An meinem richtigen Geburtstag mit den engsten Verwandten, am Wochenende mit meiner ganzen Familie und eine Woche später mit meinen Freunden. Es war meine Geburtstags- und gleichzeitig meine „After-Chemo-Party", und wir ließen es richtig krachen. Als Geschenk bekam ich von zwei meiner besten Freundinnen einen großen „Welcome-back-Geschenkkorb". Da war alles drin, was ich von nun an wieder brauchte. Haarspängchen, Rasierer, Nüsse, Salat, eine Haarbürste, Wimperntusche, ein Fußbad, Rasierschaum und natürlich: Flip-Flops. Sie wussten nicht, ob die Flip-Flops vielleicht zu makaber waren, aber ich lachte Tränen. Ich hatte es geschafft. Die Therapie war zu Ende. Meine letzte Operation war vorbei. Ich war ausgestattet mit allem, was man für das „normale Leben" so braucht, und jetzt konnte einfach nichts mehr schief gehen. Doch irgendwie konnte ich es immer noch nicht glauben.

Nach diesem äußerst amüsanten und alkoholreichen Wochenende stand meine erste Nachuntersuchung an. Irgendwie war mir mulmig, aber ich konnte die Angst davor dank meiner Freunde bis auf den letzten Moment verdrängen. Erst am Montagabend holten mich meine Bedenken ein. Ich hatte schon seit einigen Tagen ständig an diesen Termin gedacht. Es stand unter anderem auch noch ein Abschluss-MRT an, doch eigentlich nur als Bestätigung dafür, dass wirklich alles okay war. Zwar war gesundheitlich alles bestens, dafür ging das Verarbeiten der ganzen Geschichte nicht ansatzweise so schnell wie ich gehofft hatte. Jeden Morgen kurz nach dem Aufwachen machte sich seit geraumer Zeit wieder diese Angst breit. Die Angst davor, den Fuß aus dem Bett zu hängen und wieder diese unerträglichen Schmerzen zu spüren, das Gefühl zu haben, mein Fuß würde platzen. Diese Angst würde wohl nie mehr ganz verschwinden. Ich musste sie wohl mein Leben lang mit mir herumtragen. Aber mit der Zeit würde ich wahrscheinlich lernen, irgendwie damit umzugehen. Ich würde lernen, nicht bei jedem Zwicken gleich an einen Rückfall zu denken und nicht immer gleich in Panik auszubrechen. Doch es wird wohl Jahre dauern.

Jetzt, wo ich kurz vor meiner ersten Nachkontrolle stehe, bin ich wirklich am Ende meiner Therapie angelangt. Wenn ich so auf die Seiten schaue, die dieses Buch jetzt füllen, dann kann ich nur staunen. Staunen über mich selbst, über das, was ich während dieser Therapie alles dazugelernt habe, wie ich mich durch diese harte Therapie verändert und entwickelt habe. Als ich vor nunmehr genau siebzehn Monaten an Silvester an meinem Schlafzimmerfenster stand, hätte ich niemals geglaubt, dass ich irgendwann einmal wieder mit beiden (gesunden) Beinen so fest im Leben stehen würde, wie ich es heute tue. Ich hätte nie gedacht, dass ich mich selbst einmal so akzeptieren könnte wie heute und dass ich auf das, was ich in meinem bisherigen Leben erreicht habe, einmal so stolz sein könnte. Ich hätte nie geglaubt, dass ich mein Leben irgendwann einmal wieder genießen könnte. Heute lebe ich jeden Tag viel intensiver, weil ich weiß, dass ich für jeden Tag, an dem ich gesund bin, dankbar sein muss. Ich klage nicht mehr über Langeweile, im Gegenteil: Vielmehr bin ich froh darüber, dass ich am Leben sein darf und keine Schmerzen haben muss. Ich hätte auch nie geglaubt, dass ich mit einem Mann überhaupt einmal wieder glücklich werden könnte – und heute bin ich es, mehr als je zuvor. Als ich damals mit meinen Haaren gleichzeitig meine erste Liebe verlor, hatte ich das Gefühl, die Welt würde vor meinen Augen in einem Scherbenmeer versinken. Heute hingegen würde mich das Ende einer Beziehung nicht mehr so aus der Bahn werfen wie damals, denn heute würde ich sagen: Hauptsache, du lebst. Ich habe jetzt einfach das Gefühl, dass mich nichts mehr umwerfen kann, weil nichts schlimmer ist als Krebs. Doch es gibt auch eine Kehrseite der Medaille: Ich weiß jetzt, wie schnell das Leben vorbei sein kann und dass niemand weiß, was morgen kommt. Ich werde nie mehr im Leben denken: „Das trifft sowieso nur die anderen", und ich werde keinen Tag erleben, ohne mich nicht mindestens einmal an diese schreckliche Zeit zu erinnern. Allgemein denke ich über sehr vieles ganz anders als vor dieser Krankheit. Ich frage mich Dinge wie „Gibt es ausgleichende Gerechtigkeit?" oder „Was machen Schicksalsschläge für einen Sinn?", „Was macht das Leben lebenswert?", „Lebt und liebt heutzutage jemand, der immer gesund war, sein Leben genau so sehr wie ich?", „Muss man erst das Schreckliche gesehen haben, um das Schöne überhaupt wieder wahrzunehmen?", „Sind Kinder die einzigen Menschen, die unbeschwert leben, weil sie sich noch nicht den Kopf über unwichtige Dinge zerbrechen können?" Ja, Kinder sind das Abbild des Lebens. Während meiner Therapiezeit habe ich ein besonderes Verhältnis zu Kindern aufgebaut, und vielleicht lag das daran, dass ich in einer Kinderklinik behandelt wurde. Ich liebe Kinder. In Kindern liegt unsere Zukunft, und ich weiß jetzt, dass das Lachen eines Kindes mehr Lebensfreude, Zuversicht, Hoffnung und Liebe übermittelt, als es jeder Film, jedes Buch und jedes Bild der Welt jemals könnte. Und genau aus diesem Grund habe ich noch eine einzige Frage an die Welt da draußen: Wir sind fähig, auf anderen Planeten nach fremdem Leben zu suchen und können Lebewesen klonen. Wir sind dazu fähig, Atome zu spalten und Herzen zu transplantieren. Wir sind imstande, belanglose Nachrichten innerhalb von Sekunden um die ganze Welt zu schicken, und wir können Millionen von Daten auf einem winzigen Microchip für die Ewigkeit speichern. Wir hätten genug Waffen, um die Erde aus ihrer Umlaufbahn zu katapultieren, aber warum, um alles in der Welt, sind wir in manchen Fällen trotzdem noch nicht in der Lage, einem kleinen Kind das Leben zu retten?

Danke

In ewiger Dankbarkeit an meine Familie – Mama und Papa, die stets an meiner Seite waren und mich durch diesen ganzen Kampf immer treu begleitet haben. Danke für Eure Liebe und für Eure Geduld. Danke an meinen Bruder, der mich nie wirklich spüren ließ, wie ernsthaft krank ich war. Danke an meinen Freund, der tapfer alles mit mir durchgestanden hat und meine Hand nicht losließ. Danke an meine Lieblingstante, weil kaum ein einziger Tag verging, ohne dass sie mir Hoffnung gab. Danke an alle meine Familienmitglieder und an all meine Freunde. Jeder von Euch hat mir gezeigt, wofür es sich zu leben lohnt. Danke an Romina, die nach jeder Chemo bei mir war und immer ein Stückchen Normalität mitbrachte, an Christina und Stephanie. Sie waren in dieser ganzen Zeit nicht nur Cousinen, sondern gehörten vor allem zu meinen engsten Freunden. Danke an Martin und Caro für ihre Geduld beim Fotografieren und an Michaela, ohne die viele meiner Lieblingsbilder nicht entstanden wären. Danke natürlich auch an die gesamte Kinderkrebsstation im Olgahospital Stuttgart. Danke an jeden Arzt, an jede Ärztin und an jede einzelne Schwester. Ihr alle seid Engel auf Erden. Danke ganz besonders an Schwester Ingrid – ohne sie wäre ich während meiner Therapie oft untergegangen. Ein ganz spezieller Dank geht auch an Herrn Prof. Dr. Greulich, der mir durch sein Können in einer zwölfstündigen Operation meine Lebensqualität wiedergeschenkt und Unglaubliches geschaffen hat. Danke an all meine Chefs und Kolleginnen dafür, dass sie immer hinter mir standen und mir meinen Platz im Büro über zwei Jahre lang freigehalten haben. Danke auch an den Vorgesetzten meines Vaters dafür, dass Papa bei jeder meiner unzähligen Untersuchungen dabei sein und mir genau dann beistehen konnte, als ich es am dringendsten gebraucht habe, ohne dass er sich Sorgen um seine Arbeit machen musste.

Danke an einfach jeden, der an mich gedacht, mich unterstützt und vor allem an mich geglaubt hat. Danke aber auch an die wenigen Menschen, die mich während dieser Therapie nicht unterstützen wollten und mich allein gelassen haben. Nur durch sie habe ich gelernt, Menschen gehen zu lassen und Dinge zu akzeptieren, die man nicht ändern kann.

Ein ganz besonders großes „Danke" geht aber hauptsächlich an die Stiftung „Herzenswünsche", ohne deren Unterstützung es nie möglich gewesen wäre, dieses Buch zu veröffentlichen.

Daniela Wahl
Juli 2010

VERLAGSINFORMATION

Im breit gefächerten Spektrum seiner Verlagstätigkeit versteht sich der Printsystem Medienverlag nicht zuletzt auch als Plattform für begabte und noch unbekannte Autoren.

Thematisch setzt sich der Verlag kaum Grenzen.
Es werden sowohl belletristische Werke als auch wissenschaftliche Publikationen, Kinderbücher, Reisebeschreibungen sowie Kalender und anderes mehr veröffentlicht.
Damit trägt der Verlag zu einer wesentlichen Bereicherung des Literaturmarktes bei.

Eine Besonderheit des Printsystem Medienverlages besteht darin, dass es neben dem klassischen Offsetdruck auch die Möglichkeit des Digitaldrucks

Books on Demand

gibt, die es erlaubt, kleine Erstauflagen zu wettbewerbsgerechten Marktpreisen herzustellen und zu verlegen.

Haben Sie Ihr Buch schon geschrieben?

printsystem©
MEDIENVERLAG

Gottlob-Armbrust-Straße 7
D-71296 Heimsheim
Telefon: 07033 306265
Fax: 07033 3827
E-Mail: info@printsystem.de